U0117621

文學叢刊

裴尚苑著

環遊世界：裴尚苑遊記

文史哲出版社印行

國家圖書館出版品預行編目資料

環遊世界：裴尚苑遊記 / 裴尚苑著. -- 初版. -- 臺北市：文史哲, 民 94
面： 公分.--（文學叢刊；177）
ISBN 957-549-626-4（平裝）

1. 世界地理－描述與遊記

719.85 94020310

文學叢刊 177

環遊世界：裴尚苑遊記

著者：裴尚苑
出版者：文史哲出版社
http://www.lapen.com.tw
登記證字號：行政院新聞局版臺業字五三三七號
發行人：彭正雄
發行所：文史哲出版社
印刷者：文史哲出版社
臺北市羅斯福路一段七十二巷四號
郵政劃撥帳號：一六一八〇一七五
電話886-2-23511028・傳真886-2-23965656

實價新臺幣三二〇元

中華民國九十四年（2005）十月初版

著財權所有・侵權者必究

ISBN 957-549-626-4

自序

「環遊世界」是很多人嚮往的事。但要達成這個目標並不容易，它必須要有一些有利條件來配合才行，其中最重要的當是要有健康的體格，如此才能承受長途跋涉、穿山越嶺的考驗，其次是要有適當的財力，因交通、食宿等都需相當費用，再次是要有足夠的時間，否則也無法成行，但最重要的還要有濃厚的興趣與堅強的意志，相信「有志者事竟成」。

作者一向喜歡旅遊，除走遍台灣本島多處名勝古蹟，也曾多次赴中國大陸探親旅遊，更有幸能有多次出國機會參觀訪問。第一次出國是在民國七十年十月五日，先到南韓，再去日本，因係首次出國，倍感新奇，恨不得多長幾隻眼睛看個清楚，看國外與我們究竟有什麼不同。七十六年又隨團去東南亞五國遊。以後又去澳洲、北美、歐洲、非洲，共歷五大洲、卅七個國家與地區，其中曾兩度至南韓、紐西蘭、澳洲，三次去日本、義大利，幾乎遍遊歐洲諸國，且在米蘭、羅馬居住兩年以上時間，對當地民情風俗有所體認。歷經世界各地，發現每一國家均有不同的名勝古蹟，人民生活方式，社會制度亦各不相同。語云：「行萬里路勝讀萬卷書」，的確使我廣增見識，獲益匪淺。

因本人平時有寫日記的習慣，故每次出國均有詳細紀錄，本書也就是我的旅遊日記，其中內容多以逐日陳述方式呈現，可說是一本旅遊實錄，對我來說是人生旅途中多采多姿而有意義的紀念；對想要出國的人來說可作爲旅遊嚮導；對無緣出國的人來說可作爲神遊參考，共同分享；對已去過這些地方的人也可藉此回味一番。

旅遊過程中曾參觀過無數名勝古蹟，絕佳景點，可惜我缺少一枝生花妙筆，作生動深入的描繪，也無敏銳慧眼作洞徹觀察，但「敝帚自珍」爲留紀念，不揣簡陋，毅然加以整理，編次成册、交付印刷，以供同好分享。

展開世界地圖看看，還有很多地方沒有去過，那將都是我未來努力追求的目標，全球現有一九三個國家，我只去了五分之一，自忖不可能走遍所有國家，但希望有生之年能再多跑些地方，以滿足我的好奇欲望，願天佑我！給我信心！給我力量，給我旅遊所需一切，以完成我的願望，現在已有人展開太空之旅，不過，那不在我規劃之列。希望有志國人踴躍參與。共襄壯舉。

環遊世界（裴尚苑遊記）目次

陸、歐洲

壹、福爾摩沙

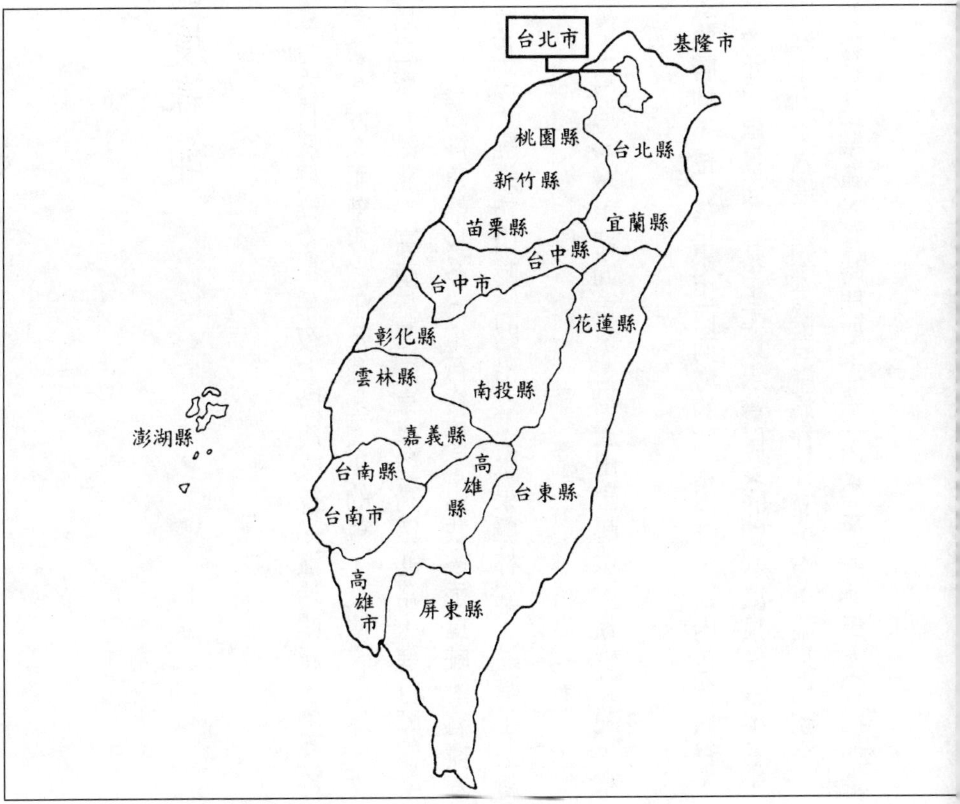

台北市
基隆市
桃園縣
台北縣
新竹縣
苗栗縣
宜蘭縣
台中縣
台中市
花蓮縣
彰化縣
雲林縣
南投縣
澎湖縣
嘉義縣
高雄縣
台南縣
台東縣
台南市
高雄市
屏東縣

一、全家環島度春節

民國八十六年（一九九七）二月六日農曆除夕，午夜二時將文德、淑玲叫起，盥洗後煮水餃吃，三時半於新店與文正合會，分乘兩部車淑玉及我坐文正的車，文德、淑玲、文玲、路德坐另一部，出發遂作環島之旅。沿北二高南行，兩車以對講機連絡，進行順暢。泰安站休息時，天已漸亮，出站上路後車輛較多，車行緩慢，由我換手駕駛，有擁塞現象，走走停停，通過員林，車行正常，經過枋山時公路沿途，水果攤林立，遂購了些新鮮水果，以便饋贈親友。

中午十二時行抵楓港，午餐後上南迴公路，轉向台東。沿途山巒起伏，穿梭其間，享受南橫美景。三時至知本合家歡旅社。

知本是台東地區最負盛名的遊覽勝地，位於台東市西南方的知本溪畔，區內包含峽谷、溫泉、露營地、森林遊樂區等，爲多元化風景面，其中尤以水質優良的知本溫泉最爲出名，屬於鹼性碳酸泉，水溫約攝氏四十五—五十六度。知本溪右岸旅社林立，均以溫泉爲號召，吸引旅客。左岸有由林務局經營的森林遊樂區，當時門票全票一〇〇元、學生五〇元、老人五元。我們購票進去，林區佔地約一五公頃，規劃有烤肉區、野餐區、露營區、溫室等，現又建設一座現代化旅客服務中心，內設電化簡報室、服務台、餐飲、咖啡室等，區中樹種衆多，花園錦簇，林間有步道貫穿，是最佳森林浴場，其中有一段稱爲「好漢坡」，筆直上下，坡度較陡，需要相當體力才可攀登。另有一條溪水經過，規劃爲戲水區，大人小孩嬉戲其間，增加不少情趣。

春節，天氣晴朗，山間空氣特別清新，全家五口在旅社旁草坪上野餐區煮水餃吃，旁邊也有別家在聚餐，於是互道恭禧、祝賀新年。

下午去參觀卑南文化史物館，其中展示卑南族原始生活狀況、出土遺物、石棺現場實景。令人印象深刻。接著又去初鹿牧場。

初鹿牧場位於台東縣卑南鄉初鹿村，由國有財產局委託土地銀行代爲經營，佔地五十四公頃，爲全省最大的坡地牧場，場內崗陵起伏，綠草如茵，規劃有乾草製造區、青割牧草區和放牧飼養區。放眼望去，只見黑白相間的乳牛埋首於青青牧草中，悠然自得。遠處錯落的紅瓦房舍襯著藍天白雲，使人彷彿置身歐洲莊園。目前爲休閒觀光勝地，場內設有遮陽傘、木桌椅，供人一面啜飲香濃鮮奶，一面欣賞牧場風光，場內也有林區，依地形和泉水流勢架設小橋，步道貫穿林間，成絕佳森林浴場，尤其可貴的是牧場響應野生蘭花復育計劃，將蘭花一株株植於樹幹上，將牧場的森林點綴得多彩多姿。

晚上至張正喜家吃鹿肉，夜宿金崙六福山莊。

次日清早，開車沿產業道路上金崙山，山間有所坵壢分校，寒假期間沒有學生。然後又上金針山，遠眺太平洋，天氣晴朗，晨光四射，青天白雲，不覺令人感到心曠神怡，山上樹木蔥翠，梅花盛開，飛蝶花香令人陶醉。

中午至鹿野休息午餐，然後至舞鶴茶園泡茶。

舞鶴風景區位於花蓮縣瑞穗鄉舞鶴村，北回歸線在此通過，有一標誌，我們就在該處煮水泡茶，另有一家人也在那兒泡茶。

區內另有舞鶴石柱兩座，高約二公尺的硬質粘板岩，是史前文化的遺跡，最引人注目的還是日晷儀造型的白色北回歸線標誌。舞鶴台地以產「天鶴茶」著名，舞鶴咖啡的歷史比茶還早，日據時代即已引進，屬於阿拉比加種，爲台灣少有的咖啡產地之一。

晚上在鯉魚潭用餐，夜宿合家歡旅社。

鯉魚潭面積一〇四公頃，是花蓮縣境內最大湖泊，位於壽豐鄉池南村北側，靜臥於鯉魚山下，山影倒映，景色絕佳，我們去時正好下雨，更顯濛瀧之美，湖水源自木瓜溪來，至此聚成水潭，潭尾西側公路旁聚集數十家特產、小吃店，潭畔設有野餐區、露營區、停車場等，潭畔碼頭出租划船、汽艇，供遊客泛舟賞景。

文德服役時曾在鯉魚潭駐扎過，所以他帶我們去他熟悉的地方參觀，藉以回味他的軍中生活。

第三天，經花蓮市沿蘇花公路北上，中午抵達蘇澳，在那兒吃豆腐沙、鮮魚湯等海鮮。蘇澳以蘇澳港及冷泉而聞名。蘇澳港爲當年十大建設之一，現爲東台灣重要的優良港口，港灣形勢天成，地理位置險要。其南北兩側的南方澳、北方澳長岬，猶如螃蟹的兩隻大螯，遙相對峙，緊挾港的咽嚨，中間水域遼闊，雲水蒼茫，直通碧波萬頃的太平洋，景色壯麗。

冷泉位於蘇澳舊火車站對面的冷泉街底，屬單純碳酸泉，水質清澈透明，可飲可浴，爲本省兩大冷泉之一。

午後向羅東方向駛去經宜蘭、礁溪，九拐十八彎而至坪林，適値坪林茶葉博物館開幕，車多擁塞，北宜路回堵約數里之長，在耐心等待後，終於當天下午六時結束「環島之旅」。

二、南橫寶來

民國八十六年十一月十二日清早由台北出發，沿高速公路南下，中午至嘉義永華園午餐，專爲旅遊團辦的標準旅遊餐—八菜一湯，便宜快速，台幣一千五佰元一桌，說好不好，說壞不壞，吃得飽就是了。

下午一時經新市轉上五峰山看獼猴，爬至半山腰遠遠望見樹幹上棲著兩三隻，再往上走又發現數隻在林間跳躍，有人以香蕉作餌，誘來大大小小好幾隻，再往上去有更多隻出現，有的在林間休息抓癢，有的在覓食，有的在嬉戲，猴群百態畢露。半山有座龍湖寺，大家進去參拜，廟前有廣場，遊目四望，遠近景色盡收眼底。

傍晚行至南橫西段寶來遊樂區，夜宿鉅鹿山莊小木屋內。寶林溫泉位於南橫公路西段要衝，六龜鄉寶來村東方的寶來溪谷中，泉質清澈透明，泉溫約六十度C。是可浴可飲的良質泉。此處有多家溫泉山莊、木屋別墅、烤肉區、餐廳、射箭場、游泳池等，露營區位於村前寶來橋下的荖濃溪畔，溪床滿佈石礫，溪水清澈，四週蝶影花香，是露營戲水休閒的好去處。

次日，由寶來出發沿南橫公路前進，八時半至玉山國家公園梅山管理站休息，該處有由救國團經營的梅山山莊，可提供旅客食宿。

玉山國家公園爲我國第二座國家公園，民國七十四年完成規劃，跨南投、嘉義、花蓮及高雄四縣，總面積約一〇萬餘公頃，爲全台最大的國家公園。海拔三九五二尺全台最高的玉山即座落於此，公園亦因此而得名。

再向前進到達天池、長青祠休息，享受山間寧靜及高空新鮮空氣，長青祠祀奉爲修築公路犧牲的榮民而建。經檜谷時看高大的檜樹矗立路旁，盤根錯節，枝葉茂盛，氣勢軒昂，紛紛下車攝影留念。相去不遠即達關山，海拔三一七四尺爲南橫公路最高點，放眼四望，群峰起伏，均在腳下。通過關山啞口隧道，車向下行，彎彎曲曲到達利稻，休息時購買陳大姐花生糖。初來爲南橫公路進出口，設有檢查站。

昨晚宿於知本宏宜飯店，清晨經台東至旭海村海邊撿石子，該處海灘上滿佈橢圓形石子，玲瓏可愛大大小小，顏色不一，各取所需，滿載而歸。港子村地貌特殊，突兀地呈現一片沙漠，與周圍環境截然不同，堪稱奇觀。

下午至白砂灣，親近海水，關山觀賞落日。

白砂灣位於貓鼻頭西北海岸，白砂綿延，約五〇〇公尺，細白砂粒在陽光下輝映，瑩潔可人，附近爲珊瑚礁岸，陪襯湛藍海水，藍天白雲，海風拂面，頓時使人感到身心舒暢。

五時至關山看日落，那兒架設有觀賞台，坐滿了遊客，凝目直視，靜候日落，很多人手持像機，撲捉最美的那一剎那，只見天空一輪紅日，慢慢向下移動，時隱時現，偶而一艘漁船自海面緩緩通過，形成一幅絕佳的漁舟晚唱。

回程經高雄澄清湖，澄清湖位於高雄縣鳥松鄉，原名大埤湖或大貝湖，因湖水澄清而改今名。風景區總面積約三七五公頃，其中湖面佔一〇三公頃，主要景點散布於環湖公路旁，包括水族館、九曲橋、柳岸觀蓮、富國島、中興塔及得月樓等，其中以九曲橋、富國島及中興塔爲代表性景觀，九曲橋的設計與上海城隍廟的九曲橋相仿，我們漫步在橋上觀賞湖中游魚及湖光山色。富國島爲紀念大陸變色後，黃杰將軍率衆留駐越南富國島堅貞爲國而建；中興塔坐落於湖畔山丘上，爲全區最高點，登塔遠眺，澄清湖全區景色盡收眼底。

三、大雪山森林遊樂區

八十六年十二月六日，有機會同淑玉隨團赴大雪山旅遊。清早順北二高南下，九時至苗栗縣三義鄉西湖渡假村參觀，此地我曾來過多次，不過每次來時都感到有些改變，最突出的應是它那精緻歐式花園景觀及親子遊樂設施。全區總開發面積卅餘公頃，目前已完成的有迷你高爾夫球場、凡爾賽花園、愛麗絲遊樂、健身步道、森林浴步道、名人表演場等設施齊備。我們因時間所限無法全覽，不克細看，只繞了一圈，然後等看完小丑劇場表演便離開了。

下午去看「五福臨門」，即五棵不同種的樹共生在一起，那五樹分別是榕、樟、朴、楠及相思樹，樹幹橫伸很長，枝葉茂盛，生命力很強，想已有相當樹齡。

昨晚住宿在大雪山山腰台中縣和平分局大棟派出所旁，一間民宿賓館內，附有卡拉OK，大家飲酒唱歌，不亦樂乎，晚上山間漆黑，同幾位伙伴在戶外欣賞靜謐夜景，舉頭辨識天際星座。

清晨又同幾位香功之友，沿山間小路漫步，呼吸新鮮空氣，俯瞰山下東勢，豐原一帶，村落，市鎮歷歷在目。

七時出發，繼續向大雪山高處前進，車輛循單行山路，灣灣曲曲慢慢爬升，時而向左，時而向右欣賞不同角度，不同高度的山景，歷一小時抵達山巔收費站，山道平緩，旅客下車步行，欣賞高山森林，約一小時行兩公里多。再乘車至天池附近，下車欣賞神木，姿態古雅，蒼老強勁，所謂天池不過山間一個大水塘而已，不可與長白山上翠麗晶瑩的天池同日而語。

到達小雪山莊時，忽然天空飄下毛毛細雨，那兒有一座以灌木築成的迷宮，有些遊客在其中穿梭，以測驗自已的智慧。以後又到馬鞍山莊，參觀活動中心，中午又下至昨晚住宿處午餐，下午車經東勢，卓蘭沿北二高返回台北。

四、高雄三日遊

民國八十七（一九九八）年二月廿日同淑玉隨殷太太一行廿三人作高雄三日遊，經過清水寺、牡丹水庫、石門古戰場紀念碑、海洋博物館、左營春秋閣、龍泉寺，最後登上高雄壽山。其中令人最值得一提的應是柴山，柴山本指壽山西北方的海岸山坡地帶，因山上多生長著九芎木等柴薪樹種，是當地日常生活柴火的主要來源，因此被名爲「柴山」。山上有石炭岩洞區，我們循著曲折狹小的石灰岩洞前進，聽導遊講述有關傳奇故事，引起遊客陣陣笑聲。大小洞穴中有石筍、石柱等鐘乳石，神貌各異，頗富想像空間。

山上有一「台灣獼猴自然生態保護區」，我們登上觀猴台，欣賞猴群在原始林蔓生糾纏的藤中跳躍、翻騰，有遊客餵以香蕉、花生等，希望親近猴隻，但當猴子伸手攫取食物時又嚇得她驚叫失色。

山頂有一涼亭，亭中有善心人士燒熱茶，免費供遊客飲用，周圍設有座位，視野遼闊，坐在那兒一面品茶，一面欣賞風景，不覺心曠神怡，身心舒暢。

五、滿月圓森林遊樂區

滿月圓森林遊樂區爲北台灣一個熱門風景區，位於三峽鎭溪谷里的大豹溪上游，四周環山，溪流充沛，經流山間，形成大小諸多瀑布。最初出現的是氣勢澎湃的啦咔瀑布，再上去不遠就是銀濂瀑布，因其形狀而得名，其交流小溪谷上有小妮瀑布，再前進便可聽到妙音瀑布的迴響，過了滿月小橋不遠便可看見氣勢壯大的處女瀑布。由於這些瀑布水域源源不絕，是戲水、垂釣、露營、登山、賞林的最佳去處。

滿月圓森林遊樂區除了一連串的瀑布景觀外，還有滿月圓山及北插神木群，皆值得一遊。

民國八十七年三月一日，隨鄰里活動去過一次，由北二高經三峽，樂樂谷過去，不遠便到滿月圓森林遊樂區。那兒有由林務局鋪的景觀步道，沿途設有解說牌及多項遊憩設施。步道沿溪依山而上，不緩不急，適合漫步，最後爬一段較陡的坡登上觀瀑亭，欣賞聲勢壯闊的處女瀑布，只見水花四濺，濤聲貫耳，時而山風拂面，帶來陣陣花香，令人陶醉。

回程順道去參觀清水祖師廟的精美雕刻。

清水祖師廟位於三峽鎮中心，平日香火鼎盛，是當地居民的信仰中心，廟宇精美講究的雕工，聞名全台，號稱「東方藝術殿堂」，民國三十七年遭戰火焚毀役，由李梅樹教授主持重修，以傳統古老的手藝，企圖使祖師廟藝術精神重生，不論木刻、石雕、銅塑，皆由唐山老師傅，一筆一刀，以血汗來塑造而成，其雕工、式樣、數量之繁複多變，均為其他寺廟所不及。這座歷史悠久的祖師廟，實為台灣廟宇建築的經典之作。

六、草嶺古道

民國八十七年四月十日，星期六，天氣晴朗，風和日麗，清早同淑玉隨同景美婦女會所舉辦的聯誼活動，有數百人之多，分乘九部遊覽車，浩浩蕩蕩向目地—草嶺古道進發。

草嶺古道位於台北縣和宜蘭縣的交界處，全長約十公里，是明清時代銜接台北和宜蘭的重要交通孔道，至今仍保持完整，近年由東北角海岸風景特定區管理處加以重新整修，舖設石版步道，走起來舒適安全，如今草嶺古道沿途山巒起伏，林蔭茂密，山間澗水潺潺，鳥語花香，景色令人陶醉，自北縣貢寮至宜蘭大里，全程僅需三、四小時，適於踏青健行。當天上午十時我們下車步行，一路翻山越嶺，其中有一段要爬陡坡，感到吃力，氣喘吁吁，汗流浹背。到下午二時半抵達大里天公廟休息。

古道沿途有「虎」字碑及「雄鎮蠻煙」碑二處古蹟，虎字碑立於古道最高處，取「雲從龍，風從虎」之意，以制風暴，由此眺望太平洋、龜山島，山間雲霧繚繞，使人有置身仙境的感覺，「雄鎮蠻煙」碑則是清代總兵劉明燈的墨寶，旨在鎮壓瘴癘蠻煙，保障行旅安全。古道整修時，又發現了三千萬年前的古生物化石，使這條登山步道更具歷史文化價值與教育意義。

回程時，經過龍洞、南日海洋公園，六時至澳底紫金城，吃海鮮晚餐，八時返抵台北，圓滿結束一日草嶺古道旅遊。

草嶺古道

七、陽明山

陽明山國家公園位於台北盆地的東北方，於民國七十四年正式成立，其面積廣達一萬一千四百五十六公頃，以大屯山和七星山火山群爲中心，地形景觀多爲火山活動的殘跡，也造成一連串的溫泉，如陽明山溫泉、北投溫泉等。由於氣候溫暖潮濕，加之火山地質影響使本區動植物豐富，且因海拔高低不同，形成各種不同林帶。

公園內規劃多處遊憩區：如馬槽七股、大屯坪、陽明山公園、雙溪聖人瀑布區、硫磺谷、龍風谷、冷水坑、大油坑、大屯山自然公園等，並規劃十三條登山健行路線供遊客參考。

陽明山因距離較近，交通方便，曾多次前往，且因教師研習中心，中山樓皆位於陽明山上，更增加了上山的機會。有時爲參加研習而前往；有時爲開會而上山；也有時純粹爲旅遊而登峯。

民國八十七年八月廿三日清早與香友相約，一行十一人乘五點四十分由公館站發車的一〇九假日公車，直駛陽明山第二停車場。下車後先至陽明公園，找個地方坐下，分享大家帶來的食物、水果等。氣氛溫馨而融洽，然後開始漫遊，當走到陽明瀑布至青春嶺那一段，據指示牌顯示有四〇〇階，且坡度甚陡，前人腳趾好似踏在後人頭頂，手扶山壁竭力向上，爬得大家氣喘吁吁，汗流浹背，心想這恐怕是爬陽明山以來最陡的一段。

以後又由竹子湖轉到遊客中心，十時半乘公車下山。

陽明山國家公園遊園公車行駛路線及停靠站圖

八、仙跡岩

仙跡岩位於台北市文山區景美街山坡上，因距本人工作地點很近，就地利之便曾多次前往遊覽。初上山一段坡度較陡，上去較爲吃力，約二百公尺處有一廟宇，供奉觀音菩薩，廟前有一平台設有坐椅供遊人、信徒休息，喘口氣繼續前進，以後坡道較緩，四百公尺處有一慈善亭，可供休息。遊目四望，只見北市、中永和地區高樓幢幢拔地而起，其他房屋更是密密麻麻，櫛比鱗次，再前進約二百公尺便達主廟，其中供奉呂洞賓，廟前平台面積不小，平時常見有人在跳舞、打拳等活動。

主廟後方山頂有兩塊岩石，相距約一公尺，岩上鑿有階梯，岩頂清晰可見有一雙腳印，據說是呂洞賓雲遊到此，飛昇時雙腳著力所留下的痕跡。但最近山頂修建木質人工步道，已將岩石腳印掩蓋，無法辨識，十分遺憾。

再往前進至另一山頂，有座涼亭，該處視野更爲遼闊，新建的一〇一金融大樓嚇然就聳立在眼前，另一新光大樓亦歷歷在目，新店溪繚繞腳下。再順山脊步道前進，至另一座涼亭，亭前有一平地，有人舖上廢棄地毯供山友愛好運動的在那兒活動，由該處有兩條步道，一條可通至木柵，另一條可通至興隆路，仙跡岩另有多條步道，可說四通八達，非常方便，也因此之故，登山休閒活動的人很多，可說給台北市民提供一所很好的去處，尤其市政府不斷在改進步道及設施中，希望市民同胞多加利用，以提升大家的健康狀況。

九、全家登大屯山主峰

民國八十八年（一九九九）一月九日清早，文正與翠娟自新店住處出發，我與淑玉同文德、淑玲自公館出發，各開一部車，六時半於士林泰北中學前會合，然後駛入仰德大道，上陽明山，避開七時開始的交通管制。

八時我們先去一家私營石雕公園參觀，範圍不算很大，約兩三百坪，其中放置不少大大小小的石雕塑像，有表情十足的人形雕像，也有栩栩如生的動物雕像，如狗、牛、羊等，其中有一間展示室，並有旅客服務台，提供有關資料。

然後，攀登大屯山，當時天陰、細雨、風大，未見其他遊客，我們一家六口冒雨頂風，循箭竹林中步道直攻大屯山峰頂（一〇〇一M），當抵達顛峰時雨停、風小，勉可展望四週景色，不外白茫茫一片，山頂雨景，別具特色。

十一時開至永工路農園午餐，點了一個刈菜火鍋雞，炒了幾道時鮮小菜，配手工小饅頭。六個人花費一千四百餘元，可謂經濟實惠。

十、荷蘭村、草嶺

民國八十八年（一九九九）五月十五、六日，同淑玉參加台北市水源里睦鄰活動，共兩部遊覽車，採抽籤決定座位，兩天一次抽，第一天我們抽到第五排，第二天第七排，還算不錯，但卻正好在電視機下方，一路唱卡拉ＯＫ，吵得受不了。

清早於水源市場後方集合。七時出發，由里長許成彥先生領隊，經北二高南下，第一站至草屯荷蘭村，此為一新開闢的遊樂景點，位於山坡上，遊覽車停於山下，遊客沿田間小道蜿蜒而上，團體購票進入。

一進門，映入眼簾的是一座具有荷蘭特色的大風車，另有幾間牛圈，有乳牛數頭，旁有牧草，供遊客嘗試喂牛滋味，也有遊樂設施，定時舉辦特技表演，我們看到一對外國年青男女作機械操表演，動作驚險，贏得不少掌聲。遊樂園範圍不小，遍植花草樹木，經園丁刻意整修顯得十分美觀、園區後方有小木屋多間，供遊客住宿。總之，此處設施不錯，有其特色，值得一遊。

當天下午四時，前往雲林縣古坑鄉，草嶺村風景區，沿山道盤旋而上，五時抵達「綠原愛之旅飯店」，該飯店爲木板平房，建於山間一塊平地上，提供遊客食宿服務。六時於該處晚餐，十人一桌，菜色尚可。飯后自由活動，三五成群逛草嶺古街，只有一條老街，兩邊均爲店鋪，大多出售當地產製的苦茶油及山產。

晚上唱卡拉OK，並備有消夜供大家享用，情感交流，充分收到敦親睦鄰效果。

次日清早，我們五時即起，刷洗完畢同淑玉沿旅社附近公路散步，今日天氣晴和，山間空氣新鮮，田野景色宜人，然後我在林間活動筋骨，打太極拳。

七時早餐，稀飯、饅頭、幾道小菜，尚稱可口，飯后分乘幾輛十二人座汽車，遊草嶺各景點，有所謂的「小桂林」、瀑布等，都平淡無奇，沒有什麼吸引人的地方，不過山間空氣清新，沿途竹子很美，道路修得不錯。

中午仍回旅社午餐，下午二時乘原遊覽車北返，沿途休息兩次，八時抵台北，結束兩天的睦鄰之旅。

十一、武陵山莊

民國八十八（一九九九）年七月廿日，隨景美團赴武陵農場遊覽。六時半於銘傳國小前搭遊覽車，沿濱海公路至宜蘭轉入棲蘭、中橫、南山沿途欣賞山景，中途休息以便當充饑，然後繼續前進，於下午二時抵達目的地—武陵農場，夜宿武陵山莊，這兒前曾來過，原由救國團經營，現由林務局管理，設備陳舊。未見更新，晚上洗澡時曾被鎖在浴室內，門打不開，幸好淑玉在外面，叫管理人員來，三人合力才將門撬開，心想假如只有我一人在這兒住，求助無門，不知要關到何時，不敢想像。

下午三時有同伴去欣賞桃山瀑布，隨同前往，路標顯示相距八、八公里，且要爬坡，走了一段感到吃力，我就地休息，淑玉繼續前進，追趕隊友，留我一人在後面獨行，難免有些孤寂感覺，以後天下起小雨，更感吃力，曾有人放棄前進而折返了，但我仍堅持繼續前往，經一小時又五十分鐘，終於到達瀑布前，只見一股白色水柱自山頂垂下，當時雨水濛瀧無法明淅分辨，冒雨拍了兩張照片，便隨他們一齊下山了，來回費了三個小時。

次日，五時起床，至外面農場散步，四面山巒環抱，空氣清新，農場一眼望去，盡是壯碩的高麗菜，與農民聊天，了解榮民輔導概況，一般說來情況不錯。

上午參觀武陵賓館、果園，然後經梨山至福壽山農場，參觀天池、蔣中正別墅，位置很好，四週視野開闊，風景甚佳，乃避暑勝地。

中午於梨山午餐，然後在賓館前水果攤上買水蜜桃，二時下山，過邃道時因無交通號誌指引，曾兩車對峙洞中，相持一段時間，俟一邊退出後，方解決問題，繼續前進，梨山至谷關間車路甚險，路面灣曲而窄狹，一邊是懸崖，一邊有落石，險象環生，後經東勢、三義，六時於苗栗吃客家菜後直返台北。

十二、澎湖行

七十四（一九八五）年，六月二日參加北市公私立學校校長自強活動，我代表參加目的地為澎湖群島。當日上午九時由台北松山機場乘華航班機飛往澎湖馬公，天氣晴和，飛行平穩，感覺一起一落歷卅分鐘便到達了，下機後有救國團派車迎接，分乘兩部中型巴士，開往馬公青年活動中心，該中心位於海邊，係全國唯一中古歐洲堡壘式建築，也是澎湖地區觀賞落日最佳去處，風景甚佳，澎湖為初次造訪，對各處景物難免有些新奇，將住房安頓好後即至港口，乘汽船開往七美島，海上風平浪靜，費一個半小時抵達七美島，但還是有幾位校長暈船、嘔吐，我並無難受感覺。

七美島據傳說從前有海盜侵襲，燒殺擄掠，強姦婦女，有七名美麗少女為保名節，投井而死，現島上有七美塚，立碑建祠，供人憑吊，島上不毛，居民有限，靠海維生，對外交通非常不便，全靠船隻運輸。

下午三時又去將軍嶼，那兒居民有人出賣珊瑚花，一枚五十元，居民生活艱苦，五時又乘船返回馬公。

晚上在寶華飯店晚餐，澎湖縣長及當地機關首長都到場共同進餐。飯后逛街，買土產如花生酥、海產等。

次日早晨，六時起床，與同室的延平中學副校長栗竹松先生去馬公街上散步，店鋪多未開門，又去參觀菜市場，多爲魚蝦、髮菜等海產，然後回活動中心早餐。

七時半於活動中心會議室開會，討論各校如何配合救國團工作。

九時展開參觀活動，先到正在興建中的海洋公園，然後去有澎湖地標之稱的跨海大橋，過橋後直通西嶼島，島上有古砲台及古堡，爲澎湖著名的名勝古蹟，再去看廟前大榕樹，以木架支撐，枝葉擴張，覆蓋面積達百公尺之廣，蔚爲奇觀。下午參觀天后宮後便乘機返回台北。

貳、中國大陸

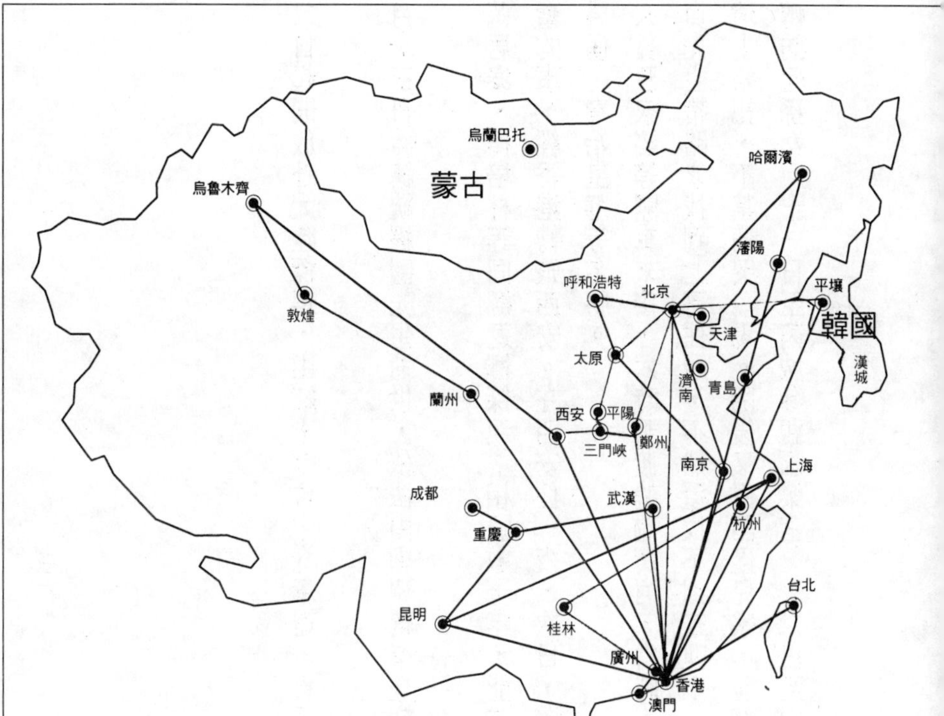
烏蘭巴托
蒙古
烏魯木齊
哈爾濱
瀋陽
呼和浩特
北京
平壤
韓國
天津
敦煌
太原
濟南
青島
漢城
蘭州
西安
平陽
三門峽
鄭州
南京
上海
成都
武漢
杭州
重慶
台北
昆明
桂林
廣州
香港
澳門

一、返鄉探親

政府宣布自七十六年十一月二日起開放赴大陸探親，由紅十字會中介承辦，實爲來臺同胞一大喜訊，引起國際注意。

七十七年元旦解除報禁，一月十三日蔣總統經國先生逝世，依法由副總統李登輝先生繼任。

七十七年七月五日與淑玉及范居泰、楊培林等同鄉返鄉探親：相隔數十年，能有機會再踏上故土，實在是一件令人興奮的事，經香港轉飛西安。在西安住一夜，次日，遊大雁塔，返家途中順道遊華清池、兵馬俑、秦始皇墓等名勝。

八日傍晚至三門峽，臺辦處人員及家屬等開車來接，六時乘渡輪過黃河，當時天色已晚，且下著雨，幸賴臺辦處姜向貞先生帶路才找到七哥住所，不然還找不到家哩！

次日，上午隨同家人至父母墳上祭祀，不禁痛哭一場。隨後又去諸侄兒家，並至中張村水嬌妹妹家吃飯，回來順便又轉訪侄孫女。十一日至芮城參觀永樂宮，十二日至尙賢堂兄處拿家譜，準備返臺後重修。

黃河渡輪（現已被大橋取代）

在家待了五天，十四日便同七哥、水嬌等經運城乘火車赴太原，太原為山西省會，我初次前往，由范居泰先生派「小劉」先去為我們安排住處，夜宿三晉大廈。

十五日遊太原市及晉祠，十七日乘火車軟臥至北京，夜宿防空洞內，很不習慣，幸賴外甥增科女友季文英小姐找到郊區一家華西飯店，住了幾天。十九日遊北京動物園及頤和園，廿日，參加「北京一日五遊」，去看了十三陵、長城八達嶺等地，廿一日早上先去確認機位，然後去參觀故宮，走了一天，十分疲倦。

廿二日，又作北京市區觀光，參觀人民大會堂、天安門廣場、歷史博物館。中午在全聚德吃烤鴨。

廿三日逛王府井大街，因天雨未能暢遊，同伴楊培林先生換錢被騙，廿四日由北京飛抵香港，又住一夜。廿五日下午才由香港飛返桃園中正機場。三時半降落，到家時已下午六點鐘了，順利完成三週的返鄉探親之旅：特別為此寫一篇七言詩以為記：

人事滄桑如海田，不堪回首憶從前。
故鄉宗廟遭摧毀，古柏宇屋杳無煙。
用水用電稍方便，人情倫常大改觀。
浮沉避難蓬萊島，闊別鄉關數十年。

二、返鄉立碑

民國七十九年，八月十二日，與幾位同鄉相偕返鄉，我的主要目的在爲先父母立碑，以表孝思，中午由中正機場乘國泰五六五班機飛往香港，轉乘中國民航飛往鄭州，九時廿分抵達，居泰孫女接待，夜宿中州賓館。

次日，由何文學處長備兩部小汽車載我們一行，由鄭州經洛陽直奔三門峽，在茅津渡遇到侄兒錫昌及外甥馬增貴來接，仍乘渡輪過黃河，晚上八時抵常樂家門，七哥大門已改建，夜宿窰洞中。

十五日，舉行立碑大典，此爲本次返鄉主要任務，鄰居親友都來幫忙。十一時正式開始，以樂隊前導迎親友所送之輓聯，十二時舉行儀式，下午一時至墓地立碑、祭祀，歷半小時完成，泥工繼作碑樓，二時宴客，採流水席方式，共開十餘桌，分批進餐，我逐桌敬酒致謝。

八月十九日，離家赴洛陽。遊龍門山、白馬寺，再至鄭州，仍住中州賓館。廿日遊少林寺。

顯考妣墓碑

家族碑前合影

八月廿一日，由鄭州飛往南京展開旅程，住中山大廈。廿二日，參觀無樑殿、中山陵、長江大橋，下午乘火車至屯溪，先至武人部隊招待所，爲了安全計被公安人員帶至華山賓館住了一夜。廿三日包車至黃山腳下桃源賓館，下午登黃山，夜宿西海賓館，居泰父女及我們倆，四人併住一房。廿四日遊完黃山各景點後，下午一時由白鵝嶺搭纜車下山，住桃源賓館。廿五日由黃山乘公車直達杭州，夜宿新僑飯店，後又遷至望湖賓館。

八月廿六日，遊西湖、靈隱寺、岳王廟。廿七日由杭州乘火車軟座經上海往蘇州，至南林飯店，包車遊名園、虎丘、寒山寺、西園、留園等處。

廿八日上午又遊拙政園、獅子林、北寺塔、倉浪亭。下午乘火車至上海，先到「海虹旅社」找董進華先生拿由上海至桂林之機票。然後遊玉佛寺、豫園，在城隍廟附近吃小吃。廿九日由上海飛往桂林，被臺胞服務處人員帶至錦桂飯店，趕船遊漓江。四時抵陽朔，下船後乘車回桂林。

卅日，桂林市區觀光，先去蘆笛岩，每人二十元港幣，當地人僅三元人民幣，令人不平，九時上疊彩山，伏波山、七星岩。下午由桂林飛香港、轉飛中正機場，結束返鄉立碑之旅。

三、長江三峽

八十二年十月廿六日，上午董事長至學校參加升旗典禮，並爲學生訓話，九時我即回家整理行李，中午同淑玉搭車至南京東路海霸王前，隨私校聯招會旅遊團前往中正機場，展開爲期八日的長江三峽之旅。下午三時廿五分搭國泰四〇五號班機飛往香港。七時卅分轉乘中國西南航空四〇一六班機飛往四川成都，九時四十分抵達。晚餐時爲一位記者團員慶生，時已午夜，夜宿「岷山飯店」，只有一條氈子，有些冷。

廿七日，上午參觀漢昭烈帝墓及諸葛武侯祠、導遊講述有關故事，另外參觀位於館旁的「護膚靈」賣藥表演，杜甫草堂，範圍很大，有不少古蹟。

下午三時至成都機場準備飛往重慶，歷一小時航程，五時降落重慶機場，出機場後即去參觀一處民俗館，夜宿揚子江飯店。

廿八日，七時半至重慶碼頭，登上「西陵號」遊輪，開始長江三峽航程，每二人一間套房，設備尚佳，船共五層，我們住在三樓，距餐廳、酒吧最近，上下都很方便，旅客百餘人，八時召開說明會，簡介「西陵號」及一些規定事項，每日用餐時間爲：八、十二、六時。

下午二時半船行至豐都縣，下船參觀著名的「鬼城」，坐纜車上山，每人六元人民幣，下山又看跳鬼舞，喝迷魂茶，五時返回船上，六時船長以晚宴歡迎旅客，夜晚船照常航行，晚上醒來一看，只見兩岸具為高山，不知停在何處。

廿九日，九時經過瞿塘峽，大家都上甲板欣賞風景，風大，有些冷，十時船在巫山縣停泊，改乘小船遊小三峽，逆流而上，大寧河水清而急，有時須靠船夫撐竿上行，沿途峭壁高聳，風景絕佳。下午二時抵雙龍鎮午餐，然後繼續乘船前進，遊滴翠峽，水色碧綠，景色靜謐，令人陶醉，未幾返航，經龍門峽，五時重返「西陵號」，回顧今早辭別白帝城，經巫山遊小三峽，全長五十公里，峽中有古棧道遺跡，懸棺、絕壁對峙，猶如仙境，晚上船行至宜昌市碼頭停泊。

卅日，清晨六時五十分開航，經八斗坪－三峽大壩預定興建處，江面平闊；約數千公尺，與三峽狀況迥異，向下行右岸有黃陵廟，九時通過葛洲壩，壩長二五六〇公尺、高七十公尺，目前為亞洲之最，客船通過時，上下水位差約卅公尺，一開一闔，甚為神奇。

九時半下船至宜昌市參觀中華鱘魚研究所，想不到長江竟有五公尺長體形龐大之鱘魚，據導遊云宜昌有三寶｜橘子、盆景、陶器。鱘魚不在其中，午餐後又上船繼續前行，此時船行平穩，與淑玉併肩坐在船頭，欣賞兩岸風景，清風徐來，彩霞晚照，水鳥旋空，不時有一列貨船逆流而上，好美的一幅長江美景，眞是一大享受。

卅一日晨，船停岳陽縣，遂下船遊岳陽市，並進早餐，忽見街頭圍一群人，據說有人將小孩丟棄在垃圾桶內。

八時參觀岳陽樓，不禁使我想起范仲淹的岳陽樓記：「銜遠山，呑長江，浩浩蕩蕩、橫無際涯，朝暉夕陰，氣象萬千……」，登斯樓眞有「心曠神怡，寵辱皆忘」之感。十一時上船續向前行，下午經過「赤壁」，遙望右岸山壁上「赤壁」兩個紅色大字，使人有置身古戰場之感。七時抵武漢之武陽港停靠下船，時天已黑，遂進入「晴川飯店」，宵夜時吃麻辣火鍋。

十一月一日，清晨參觀武漢長江大橋，橋分兩層，上行汽車，下行火車，建築雄偉，旁有一廟，有人在打太極拳，八時外出參觀：先看博物館，曾侯乙古墓出土文物，有編鐘等，以後在東湖遊覽，買畫。當地人將東湖比作杭州西湖，但不比西湖出名。

十二時登臨黃鶴樓：目前樓高五層，建築雄偉，其中展示自唐以來歷代黃鶴樓模型，以目前之樓爲最高，下午參觀琴台，中國書畫院，看到複製名畫、描繪、裱背情形。

十一月二日，上午八時至武漢機場，乘九時卅分班機飛往香港，下午二時轉國泰CX五三〇班機返回臺北，結束旅程。

最新黃鶴樓雄姿

四、再上黃山

八十三年十月二日，隨私校聯招會再度赴大陸旅遊，八時由中正機場飛往香港，中午乘中國東方民航MU〇五〇二班機轉飛上海。下午二時廿分降落虹橋機場，出機場後即去參觀宋慶齡墓園，五時至乾隆坊，由靜心中小學周董事長請客，夜宿銀河賓館。

十月三日，上海市區觀光，經南京東路至黃埔灘，參觀玉佛寺，絲織品販賣場。十時由上海乘火車往蘇州，十二時抵達。午餐後，遊虎丘山，天氣晴朗，遊客甚多，此爲我舊地重遊，不過此次有導遊解說，有進一步了解，接著遊有名的「寒山寺」，此寺因張繼的「楓橋夜泊」詩句而著名，以後參觀「網師園」，規模比不上「拙政園」，但有其特色，夜宿「雅都飯店」。

四日，上午由蘇州乘火車經上海轉赴杭州，於上海車站時有位團員不愼錢包被竊，引起一陣議論，但無補於事。下午一時許抵杭州，然後冒小雨遊西湖，乘汽艇繞湖一週，西湖景色各有不同，有云「晴湖不如雨湖，雨湖不如夜湖，夜湖不如雪湖」。上岸後至「問茶樓」品龍井茶，據說有幾項講究：一不加蓋、二水不要太熱。一杯聞茶、二杯品茶。

五日，清早於旅社門口乘三輪車，繞附近市區卅分鐘。早餐後去遊靈隱寺，出寺後上車時有位同伴發現手提包不見了，護照、台胞證、錢包都在裡面，這一下可緊張了，大伙趕快回頭去找，此時大家都認爲凶多吉少，八成是找不到了。過不多久，出乎意料的奇蹟似的竟然給找到了，眞是喜出望外，原來由一位好心婦人坐在皮包旁守護著，等失主來找，失主曾拿錢給她以表謝意，卻被她堅拒了，不禁讓大家敬佩，想不到在目前的大陸還有這樣的好人，全團稱慶，不過「瑤琳仙境」已去不成，改爲杭州市區觀光。

下午參觀「南屏晚鐘」、「運木古井」、錢塘江雙層大橋、六和塔、玉泉觀魚、岳王廟、虎跑泉等景點。晚餐後，逛百貨公司，夜宿黃龍旅社。

六日，上午去參觀瑤琳仙境，出杭州經富陽市，休息時發現右腳掌走腫了，稍有不便，下午一時半進入「瑤琳仙境」，比蘆笛岩規模大，歷二小時方出洞，然後駛往黃山，八時半抵達黃山市（屯溪），車子故障，致十一時半方抵花溪旅社。

七日，上午車行三小時，抵達黃山腳下，乘纜車登上白鵝嶺，一片大霧加帶小雨，視野不及十米，黃山美景盡在雲霧濛瀧中。上次來時爲晴天，美景盡情欣賞，此次雨天，讓我有機會看到黃山的另一面。中午在北海賓館午餐，口味尙佳。下午冒雨爬光明嶺，來回費三小時，雖因雨無法欣賞美景，卻收運動之效。

八日，早上仍由白鵝嶺乘纜車下山，十二時由黃山機場飛往廣州，在機場巧遇翁玉（我的學生）夫婦，我們同機至廣州，下午二時許抵達白雲機場，接著市區觀光。三時至黃花崗七十二烈士墓園參觀，五時又至白雲機場搭機飛香港轉臺北，抵家已過午夜，結束了一週的華東黃山之旅。

五、絲路之旅

八十四年九月十九日，同淑玉隨私校聯招會參加絲路之旅，中午至中正機場，下午一時半乘國泰航空至香港。五時四十五分轉乘中國西北航空飛往蘭州，航程一〇五〇公里，七時半降落武漢機場，加油，乘客不下機，八時續飛又一二二七公里，十時降落蘭州機場。當地氣溫十三度，有些冷，出關後乘車至蘭州市，夜暗無法觀景，只聽導遊在車上介紹蘭州概況，午夜十二時抵蘭州市宵夜，夜宿飛天旅社。

廿日上午先遊白塔山，俯視蘭州市及黃河大橋，蘭州市沿黃河兩岸而設，成狹長形，然後參觀河岸公園，內有「黃河的母親」雕塑，母親側臥，懷抱嬰兒，十分雅致可愛，爲大陸一名雕塑家作品，看到河邊大水車，曾在地理課本封面上看過它，頗有歷史，現仍運作。

下午一時登機飛往嘉裕關，距蘭州七一〇公里，沿途俯視機下一片荒漠，歷一小時廿分鐘抵嘉裕關機場，然後參觀長城西端的嘉裕關，關分內城、外城及甕城，城牆上有座城樓，雄偉壯觀，城牆亦經維修完整，未見殘缺，不過延伸至兩邊的城牆已被雨水沖刷，有些流失。登樓遠望關外，一片茫茫，不禁想起「西出陽關無故人」之句。

二時半離開嘉裕關開往敦煌，中途參觀古城，九時五十分抵敦煌賓館。

廿一日上午，參觀著名的藝術寶庫—莫高窟，沿山壁開鑿，共四九二洞，其中有兩尊大佛塑像，一爲三十六公尺高，另一尊廿餘公尺，還有一尊臥佛十五公尺長，每洞均有精美壁畫，保留數千年，實在珍貴。

下午去鳴沙山騎駱駝，看月牙泉（一泓泉水，形如月狀），實一沙漠奇景。

四時離敦煌至柳園，該處草木不生，缺乏用水，水皆由外地運來，十分不便，居民生活艱苦，是一無樹無草的市鎭，其情可想而知。七時半由柳園乘火車開往吐魯番，臨時加一節軟臥車箱，依然無水。

廿二日，上午八時在火車上看沙漠日出，半小時後抵吐魯番火車站，然後乘汽車，歷一點半鐘車程方至吐魯番市內，進入綠州旅社早餐。

十一時去參觀交河故城，歷史悠久，現僅存斷垣殘壁。接著去參觀地下水道工程—坎兒井，據說有五千公里長。居民賴以飲用、灌溉。水質清澈見底，號稱中國三大工程之一，僅次於長城與運河，下午去參觀「高昌故城」、阿斯塔那古墓，墓中有壁畫。然後又去參觀「柏孜克里克千佛洞」沿河谷山壁上開鑿，有些洞中仍存有壁畫痕跡。晚上逛夜市，都是小吃攤，有烤全羊，牛肉串等。

新疆鳴沙山騎駱駝

廿三日乘汽車由吐魯番開往烏魯木齊，相距兩百公里，車程約四小時。穿越天山山脈，山南山北景色迥異，山南荒漠，山北有綠意，偶然見牛群在河邊飲水、吃草。

十一時半抵「達板城」休息，那兒有座馬車夫雕塑，此城因民歌家王洛賓所譜的一首「馬車夫之戀」而出名。

途中遠眺博格達峰頂被雪覆蓋，峰高五四四五尺，白雪常年不化，也看到鹽湖，烏拉泊湖。下午二時抵達烏魯木齊，至華僑賓館午餐，下午四時至烏市郊八十公里處之南山牧場（白楊溝）參觀，該處爲哈撒克族人所居處，從事農牧生活，現爲一觀光景點。有不少少女牽著馬供遊人騎乘，沿山谷溪邊而上，至瀑布，來回廿元人民幣。回頭又參觀設在山坡上的蒙古包（氈房），其中備有當地新人服裝，供人拍照，晚上返回烏市，夜宿假日飯店。

廿四日，上午參觀天池，距烏市一一〇公里，車行山路蜿蜒而上，導遊介紹新疆形勢，猶「疆」字有三山即崑崙、天山、阿爾泰山（八、八〇〇米）、兩盆地。十二時抵達天池，乘遊艇遊天池一週，池面積與日月潭相若，池水清澈、湛藍，爲四週山丘雪水匯集而成。岸邊亦有馬供人騎乘。下午下山，中途午餐，五時返抵烏市。晚上在一家飯店內吃烤全羊，飯前曾逛烏市地下街，夜宿假日飯店，設備不錯，無置身邊陲之感。

廿五日，上午由烏魯木齊飛往西安，九時十分乘新疆航空班機，航程二、二九〇公里，歷二小時四十分鐘，降落西安咸陽機場，新建機場，設備新穎，完全現代化，符合國際水準，與七年前返鄉時之機場大不相同。下午去參觀兵馬俑，現已建爲博物館，環境大爲改善。六時參觀玉器展，七時吃餃子宴，我因肚子不適，只嚐了幾樣而已。本想順道返鄉探親，但因機票難購而作罷。

廿六日，上午參觀大雁塔，下午二時自西安起飛經香港轉回臺北，以結束八日來的絲路之旅，西安距香港一、七〇〇公里，航程二小時廿分鐘，晚上回到家已快十一點了。

六、三上黃山

民國八十七年（一九九八），五月十九日，隨同中華民國周易學會，各地易經班前三名所組成的朝聖團，前往中國大陸參訪朝聖。上午十時於中正機場乘澳航NX〇六一七號班機飛往澳門。中午抵達與由高雄去的會友會合，共卅五位，遂轉機飛往青島。出關後，由導遊滿小姐接待，乘車去遊八大關之一——山海關路，該路濱海，風景幽美，附近多爲名宅，曾至蔣公當年住處門前留影。夜宿五星級麗晶酒店，與謝先生同室。

五月廿日，上午乘車至嶗山參觀太清宮，爲道教道場，歷史悠久，古木參天，現仍有道士在修行，觀光客絡繹不絕，下午返回青島參觀棧橋，爲古行船碼頭。然後沿濟青高速公路前往山東省會濟南，路過臨淄孔子聞韶處。八時許至濟南晚餐，吃素餃子。夜宿中豪飯店。

五月廿一日，清晨散步至護城河邊，看有人在打太極拳，我也隔岸隨著打了一回。上午開往曲阜，參觀孔林，範圍甚廣，四週有圍牆，其中數千年古柏隨處可見，我們一行拜完孔子墓，即出林園，曲阜因孔林而繁盛。然後又去參拜周公廟，不像孔廟那樣堂皇，路過臨沂台孔子述志處。五時至孔子出生地—尼山，旁有尼山水庫，上有尼山書院，下有「夫子洞」，傳爲虎乳孔子處，不少古蹟，大家爭相照相留念。六時回曲阜，夜宿闕里賓舍。並遊曲阜夜市。

五月廿二日，八時參觀孔廟，共進十道門才進入大成殿，沿途由吳秋文老師講述孔子故事。以後又參觀孔府，顏子廟、陋巷。下午至鄒縣參觀孟廟、孟府、亦然古木參天，白鷺翱翔，一派安祥景象，有些地方仍在整修，以吸引觀光客。六時至泰山桃花源纜車站，乘纜車（六人一車）登泰山，山頂風大，寒冷，沿天街有出租大衣供遊客穿用，我們晚上住在神憩賓館，室內潮濕，用水不便，備有棉被及大衣。

五月廿三日，清早四時起身，穿上大

裴尚苑（左）吳秋文老師（右）
於山東尼山夫子洞內合影

衣，冒著寒風，上觀日峰看日出，但當時天陰霧濃，未能如願，五時雖有曙光微現，但終未看到日出，失望而返。

七時半參拜泰山孔廟，爲全國最高孔廟。經碧霞祠至南天門等處，舉目四望，實有「登泰山而小天下」之感。觀罷山景又乘纜車下山。山下岱廟，建築宏偉，頗具規模，範圍廣大，其中有三千年古柏，仍生氣昂然，枝葉茂盛，看完岱廟，便往濟南。下午參觀著名的趵突泉，但現在泉已不再冒水，保留遺址，供人參觀，不過漱玉泉仍湧出如玉泉水，晶瑩剔透，清澈見底。五時冒細雨遊大明湖，湖面遼闊，湖水滿盈，湖中不少人造水鴨，以傘綴成，五顏六色，以吸引遊客，我們乘船遊湖，轉了一圈。

晚上由濟南乘火車開往南京。

五月廿四日，清早在火車上，打開窗帘，欣賞沿途江南風光。九時抵達南京北站，當地導遊來接，遂乘車至南京醉仙閣用早餐，自助式，花樣繁多，有麵條、豆花、粽子、包子等，盡情享受，吃得很舒服。十一時冒雨參觀中山陵，我已來過四次了。施太太買雨衣給我穿，令我感激。以後又去明孝陵前轉了一圈，未進去參觀，我想是導遊偷工減料，給省略了。隨後被他安排到紀念品賣場，讓大家採購。二時去遊玄武湖時，大夥兒又被帶去珍珠館，消磨了一小時，四時由南京站乘火車赴銅陵。晚上乘車上佛教聖地九華山，午夜方達山下，夜宿聚龍旅社。

五月廿五日，八時背著背包隨團登九華山，雖有階梯但坡度甚陡，拾級而上，有些吃力，氣喘吁吁，因我係團員中年齡最長者，其次爲臺南來的劉媽媽，怕我倆趕不上隊伍，故讓我們走在前面，劉媽媽由兩位年青同學陪伴著她，施太太陳美貴女士看我太辛苦，要幫我背背包，我執意不肯，她卻堅持要幫忙，眞心誠意，令我感激不已。歷一小時，到達百歲宮又名萬年禪寺，大家在那兒賞景拍照。十一時至回香閣與當地主持探求藕益大師論佛與易經的關係。下午至鳳凰松索道站，乘纜車上九華山頂，至天台山索道站，再拾級登上極頂，舉目四望，群山皆在足下，伸手可探天日，雲海時而浮現，似有置身仙境之感。四時又乘纜車下山，五時參觀肉身殿，殿前匾額題「東南第一山」，殿中祀奉地藏王菩薩，得知地藏王菩薩原係韓國人，至九華山修行成佛。

五月廿六日，上午由九華山前往黃山，歷三小時抵達太平索道松谷站，此爲新建索道，使用大型纜車，一次可載百人，我們乘纜車上黃山，此爲我第三次登黃山，每次情況各有不同。第一次來時，天氣晴朗，晨間可看雲海，山間所有美景一覽無遺。第二次來時，適逢天雨，視線有限，所有景點均在濛濛雲霧中，別有一番風情，這次又是晴天，但未看到雲海。中午在西海飯店午餐，下午遊始信峰、獅子峰，北海前看猴子觀海，排雲亭看晚霞。

五月廿七日，清早四時起床，穿著禦寒衣服去北海前獅子峰看日出，天氣晴朗，五時十分，太陽由山間慢慢升起，大家急忙選好有利位置，作出「雙手托日」狀，讓人攝影留

孫中山先生故居

念。然後返回旅社早餐，旅遊期間，全吃素食，我亦漸漸習慣了。上午遊光明頂，海拔一八六〇公尺，爬坡辛苦，陳女士又替我背背包，我尊稱她爲「活菩薩」，在飛來石前曾留影紀念。本擬續遊蓮花峰，但因停電，索道關閉，於是在山間路旁休息，同幾位年青遊伴唱歌自娛，無限歡樂。然後由白鵝嶺乘纜車下山，至屯溪桃花溪旁「黃山大飯店」午餐。下午至黃山市，進入「黃山國際大酒店」休息。五時參觀博物館，十分簡陋，但樓下卻爲國畫及藝品賣場，然後遊屯溪老街。全爲紀念品、土產、藝品店，大家紛紛購買，以便回去饋贈親友。因明天便要回家了。

五月廿八日，上午由黃山乘機飛往深圳，相距一〇三五公里飛行一個半小時，於十時半降落深圳黃田機場，然後去參觀吳董事國誠實業公司的工廠。三時許至中山縣翠亨村參觀孫中山先生故居。爲二層樓房，陳設中山先生遺物。

五時經珠海特區轉往澳門機場，八時登機，九時五十安然降落中正機場，完成朝聖之旅。

此次旅遊前後十日，參拜過嶗山道家道場，曲阜孔府孔廟以及九華山的佛教聖地，登上嶗山、泰山、九華山及黃山四座名山，沿途聽吳秋文老師講述有關歷史故事，眞是獲益匪淺，又認識了不少易經同好好友，實在難得。

七、草原之旅（北韓、內蒙、鄭州）

八十五年（一九九六）十月十五日，最後一次隨同私校聯招會出國旅遊，此次目的地爲朝鮮、內蒙古、鄭州等地。上午十時於中正機場搭長榮BR〇八〇一班機飛往澳門，歷一小時廿五分抵達。下午二時轉高麗航空飛往北韓首都平壤。三時廿起飛，七時十分降落，飛了三小時五十分鐘。出關，乘車至平壤，天色已暗，華燈初上，但街上人車稀少，看不見繁榮景象，據說北韓有廿二萬平方公里土地，人口只有兩千萬，可謂地廣人稀。八時至高麗飯店晚餐，飯後整理行李。因明日赴金剛山，只帶簡便行李即可。

十六日，北朝鮮時間比臺北早一小時，今早六時起身，七時出發赴朝鮮東部海岸一景點金剛山，接近卅八度線，北韓正式名稱「朝鮮民主主義人民共和國」，他們仍實行共產主義集體制，據導遊說，他們有三項是完全免費即「住房、醫療、受教育」，好像他們很滿意目前的生活方式。金日成被朝鮮人尊如神聖，到處可看到他的大形畫像及塑像。

上午順著他們不十分現代化的公路前進，車輛稀少，卻時而見到軍人及平民在公路上步行，九時至新平休息站休息，十一時至元山市午餐。該市爲一港口，亦是一工業城。二時半開始爬金剛山，山上楓葉艷紅，山峰陡峭，風景如畫，十分壯麗，爬至三、八〇〇M處有一觀瀑樓，張目四望，雲海起伏，有如置身仙境，欣賞一會，拍照後遂即下山，來回三個半小時，胯爲之酸，晚上旅社無水，只好去洗溫泉，每人四元朝幣，水太燙，洗不舒服。

十七日，清早散步時，發現婦女們向金日成畫像獻花致敬，然後去上班。

上午順原路返回平壤，路經三日浦參觀，景色猶如臺灣日月潭，中午至元山松濤園午餐，回程經新平休息站時大家購香菇等特產，淑玉替我買支手杖，二元朝幣，一朝幣等十三元臺幣。四時抵平壤，五時去參觀朝鮮建黨七十週年慶祝晚會，於大型體育館舉行，場面壯盛，金日正親臨主持。會中大型歌舞表演，十分精彩，八時結束，回旅社晚餐。

十八日，上午前往一六八公里外的開城，十時參觀高麗博物館，有人在賣人參，天字二十要賣四三〇美元。十一時參觀板門店，兩韓對峙，前曾在南韓參觀過板門店，兩邊情況迥異。中午於板門店午餐，吃人參雞。可能由於處理不當，大家吃了有人肚子不舒服。下午四時又回平壤，參觀六九中學，有學生千人，教師六十人。五時半坐地鐵，深入地下百餘米，一九六九—一九七三完成，長三十七公里，票價一・三元。六時又參觀少年宮。七時至萬壽台（金日成塑像）參觀，八時回旅社。

十九日，清早交電話費二十二朝元，相當臺幣二八六元。上午九時由平壤機場搭JS一五一高麗航空班機飛往北京，十時四十五分降落北京國際機場，北京時間爲九時四十五分。出關時看到馬增科及季文英夫婦並帶小孩來迎接，遂一齊乘車至城內，由於導遊地陪不配合，他們中途下車，約定天安門前相會，中午與他們一齊午餐。飯後我們隨團去參觀故宮，他們便回家了。由於日前爬金剛山時，過於勞累，兩胯酸痛，今日遊故宮又要走不少路，甚感痛苦。晚飯後十時廿分由北京飛往包頭。十一時半抵達「鹿城」—包頭，夜宿天外天旅社。

廿日，上午前往五當召（廟）—古老喇嘛廟，途經戰國時趙國長城遺址，下車照相，登山眺望，長城遺址隱約可見。十一時抵五當召，爲一古寺，依山層層而上，有不少建築物，但均已殘破不堪，只有三兩喇嘛在收門票，看來十分沒落。

下午二時去響沙灣參觀，在那兒有人滑沙、騎駱駝，我因腿痛，乘纜車上下，八時回包頭晚餐。

廿一日，由包頭乘汽車開往呼和浩特—內蒙首府，「呼和」是蒙語青色的意思，「浩特」是城市，即「青色城市」，有四百年歷史，八十萬人口，有八所大學。十二時至呼市午餐，然後進入「昭君旅社」。

下午三時參觀王廣亞校長所創辦的經貿外語學校，看學生表演，晚上由該校請團員晚餐，有當地政要參與，有如國宴一般，不少名貴酒菜，如駱掌等，盡歡而散。

廿二日，去蒙古大草原，了解蒙古人生活狀況。草原地勢起伏，一望無際，風大較冷，曾訪問一蒙古人家庭，他們住在磚造平房，傳統蒙古包只作樣本，供遊人參觀，主人以奶茶、糖果招待。並有簡單風力發電設備。中午吃烤全羊，依當地習俗，一對男女獻唱、獻酒，必須一飲而盡，充分表現豪放風格。下午返呼和浩特，然後去參觀昭君墓，可登上墓頂，展望四週景色，墓旁有紀念館，展示有關昭君文物。

戰國趙長城遺址

廿三日，七時離開呼市，飛往北京轉飛鄭州，十一時即達，鄭州面積一百平方公里，人口一二〇萬，爲一交通樞紐，河南省人口八千八百萬。

下午三時參觀王廣亞先生創立的昇達大學，規模不小，範圍甚廣，主要建築均已完成，現有學生三千餘人。

廿四日，遊開封、洛陽，夜宿洛陽，因有高速公路相通，來往順暢，開封面積五四平方公里，人口六十萬，在開封參觀相國寺，包公祠及御街，開封有不少湖泊，酷似江南風光。午餐時吃那邊著名的湯包、童子雞等。

下午經鄭州至洛陽，中途車胎漏氣，補胎耽誤半小時，七時半才抵洛陽，天色已暗，夜宿洛神酒店。

蒙古包外留影

蒙古包內留影

廿五日，脫隊同淑玉返鄉探親。中午十二時半由洛陽乘火車（遊五軟座）開往三門峽。二時半抵達，票價六十元人民幣，旅行社卻收我四百元臺幣。下車後侄兒錫昌來接，四時半抵達故鄉常樂鎮，在街上吃完羊肉泡饃才回家。

六時到新房，準備有床舖、棉被等，感到滿意。因有電氈，且有三床棉被，故晚上不感覺冷，七哥及水嬌妹各睡一間陪伴，使我有安全感。

廿六日，早飯後參觀新建的關帝廟—只有一間，十分簡陋，與以前古廟實不可同日而語，令人慨嘆、惋惜。

十時帶金元寶及祭品至父母墳上祭祀，並至六哥六嫂七嫂及尙貞夫婦墳上燒紙，路途較遠，繞一大圈，因腿痛走路很辛苦，直到下午二時半才回家，腿更加酸痛。

廿七日，去馬村水嬌婆家，她婆婆已九十二歲高齡，身體依然健康。九時至其長子增選家早餐，新蓋樓房及地窖，種不少蘋果，生活大爲改善。

下午去看老同學馬茂貞，身體不好，老態畢露，談片刻即辭別。三時至水嬌家吃飯，馬管收一位同事共餐，飯後至常樂鎮趕集，想打電話回臺，但無法直撥。晚上對臺辦負責人姜向貞來看我，一齊去看梁松林同學，他就住在我的新屋後面。

廿八日，經三門峽至陝縣溫塘洗溫泉澡，找了一家每人廿元的溫塘，但設備簡陋，馬桶不管用，勉強住一夜，洗了幾次溫泉，水太熱，沒有舒服的感覺，據說有療效，尙待事實證明。廿九日清早到山上水利部療養院吃早餐，飯後參觀該院，亦有供人洗溫泉的設施，那比山下要好多了，票價有卅元及四十元，昨天不曉得，不然絕不在下面受罪。另有一座迎賓樓，如三星級飯店設備的套房，住一夜一二〇—三六〇元不等。九時爬至山頂，有座涼亭，四週景色全收眼底，憩息片刻，下山返程。腿仍酸痛，乘開往芮城的公車回家。卅日，熟悉故鄉環境，重溫童年舊夢，拜訪老同學裴恒泰，坐談一會，又去裴遷厚家，再去看僅存一棟正廳的裴家祠堂，「綠野家風」四字匾額依然清晰可見，不過該屋已成私人住家了，牆壁剝落，不勝唏噓！

然後又去看我出生的老院，現已填平，空留追憶。世事滄桑，令人慨嘆！晚上又有親友來坐談。北國氣溫漸漸變冷，水嬌妹為我及淑玉各作一件棉背心，溫暖異常。

卅一日，天雨路滑不便外出，在家燉羊肉。下午至根昌家吃飯，堂侄應選作陪。

十一月二日，晴天，坐三輪汽車去車村舅舅家。經農田小道，泥濘滑濕，很不好走。下坡時，彎彎曲曲，更是危險。十時先到荊耀山家看了一下，他蓋了十五間房，由其弟占山接待。參觀一下，然後去表弟焦向敖家拜訪。午餐，飯後又去表妹家看了一下，接著去小學同學員自泰家坐談，談及尚貞弟當年被迫害的遭遇，不禁使我傷心落淚。

二時半又至崖頂上焦村表兄家坐談一會。三時許結束一天訪友行程回家休息。八時姜宏達送家鄉傳統食品「氣哈蟆饃」來品嚐。

此次返鄉，本想去聞喜一趟，以探源尋根，但因雨不便而作罷。十一月四日下午由水嬌、淑玉陪同去看了一下陳菊花，她依然健康。

六日，中午請客吃飯，在常樂飯店，席開三桌，宴請協助蓋新房有關人員、同學、侄兒們。

七日整理行裝，準備明日赴西安轉回臺灣。

八日，清晨，侄孫明軍以三輪汽車送我們至常樂街上，叫一輛小車送我們至三門峽火車西站，七哥及妹夫馬管收同行。購九五次直特快車，票價每人四一元。十二時廿上車，遂即開車。二時火車通通函谷關，一路未停。下午四時即達西安站，改乘計程車至咸陽機場，夜宿機場賓館，每間二人房費一七〇元人民幣。然後至機場餐廳晚餐，晚上徹底洗個熱水澡。

九日，八時至機場辦登機手續時，被告知「飛澳門班級取消了」，頓時使我感到愕然，一時不知所措。經與機場人員研究後，決定改乘下午赴香港班機，當時躭心怕到香港沒有機位，但抱定走一步算一步的想法，於是西北航空公司安排我們至賓館休息，並供午餐。下午一時至機場，又宣稱飛機誤點，延至下午四時才起飛，又帶來一陣困擾。四時半終於起飛了。七時抵香港啟德機場，立即至長榮櫃台前辦轉機手續，幸好還有位置，拿到登機證才算安心。十時四十五分抵中正機場，抵家已過午夜一點半了。

八、中國東北

八十六年九月廿八日，由中正機場乘澳航NX六一一班機飛往澳門，十時三十六分起飛，十二時降落澳門機場，一點五十分轉機飛往北京，四時三十五分降落北京首都機場，飛了三小時十五分。出關後，參觀小吃街，七時至全聚德烤鴨店晚餐，夜宿新萬壽飯店（四星級）。

廿九日，上午由北京飛往大連。薄希來任市長，治理得不錯，街道整潔，美化綠化不亞於歐美。住於麗景旅社，位於山腰可俯視海港，下午遊老虎灘，星海公園，電視塔等景點。

卅日，去「旅順口」。十時抵達即去參觀萬忠墓，爲紀念日本人殘害當地人的紀念館及塚墓，然後登上日俄戰爭要點二〇三高地。中午至監獄舊址午餐，質量均差，且不衛生，是最差的一餐。下午返回大連，五時至王德福火鍋城晚餐—風味餐，每人一只小火鍋，備有各種肉類及海鮮，如牛、豬、雞、鹿、等，十分豐富。配上啤酒，大家都吃得很愉快，可補中午之不足。

大連市府前廣場上美麗的花圃

十月一日，八時半參觀大連港，中共國慶連續放假四天，無人解說，僅登上港務局樓頂俯視港區景色。十時參觀貝雕工藝廠。

下午由大連乘火車前往瀋陽，雖爲軟座，但車箱座位不乾淨，車速亦不夠快。六時抵達瀋陽，由地陪林小姐接待。六時半至「老邊餃子館」吃餃子，夜宿商貿飯店。

二日，參觀本溪水洞，分水洞與旱洞兩部份，旱洞較短，水洞有數千公尺。八人乘一船，彎彎曲曲遊歷其中，來回費一小時，又歷兩小時車程返回瀋陽。下午參觀張學良先生舊居，仍保持完整，展示有關資料，供人參觀。

三時十分參觀滿清故宮、北陵公園。五時至小木屋晚餐—遼寧風味，其中有一盤炒大蛹，大家都不敢吃。

東北三怪：「大姑娘吊煙袋，高麗紙糊窗

外，養活孩子吊起來」。東北三寶：「人參、貂皮（烏拉草）、鹿茸」。

三日，自瀋陽乘火車經四平街至長春，沿途沃野千里，農作豐收，東北實乃富饒地區。下午一時抵長春，中餐後參觀滿清皇宮，傅儀住處，有傅儀生平事蹟展。然後又去參觀長春電影製片廠，由一女士解說，看了幾處實景：效果製造及特技表演等。晚餐吃東北風味餐，多與韓國菜類似，且有狗肉，多不敢吃，我因肚子不適僅吃麵條，夜宿名門飯店。

四日，由長春乘火車至吉林。十一時半抵達，導遊爲一男性姓張，介紹吉林概況，松花湖給吉林帶來綺麗風光。中午至銀河大廈午餐，夜宿該處。下午遊松花湖，參觀孔廟，北山公園，半山有關公廟，但門關著，在廟前欣賞湖光山色，風景秀麗。六時至清香園吃「三套碗」風味餐，菜肴不下數十道，但臺籍團員有些不適應，無福消受。

五日，由吉林至哈爾賓。下午一時抵達，坐了五小時火車，下午參觀極樂寺，該寺建于民國十三年，廟門口有不少乞丐向旅客乞討。三時許又去參觀文廟，票價內賓十元，外賓廿元，不平待遇。該廟建於一九二六年，一九八五年重修。

四時半逛百貨公司，秋林百貨由俄人經營，在那兒買酒心糖。六時至華僑飯店晚餐，有熊掌、猴頭菇、四不像、鹿肉等，號稱「飛龍宴」，也是一餐特別風味餐。夜宿新世界旅社。

六日，上午遊松花江及史達林公園。下午遊江北太陽島、逛中央大街、參觀聖索非亞教堂，爲拜占庭式建築。六時至天鵝餐廳吃「俄羅斯大餐」，有麵包等，並不如想像的好。

七日，清早同淑玉逛地下街買衣服。下午由哈爾賓機場搭四川航空六〇二班機飛往北京，航程一〇二六公里，一時半起飛，三時降落。出關後即開往天津，經高速公路六時抵達，遂至食街「孔府家酒」晚餐，有水餃，無麵條。飯後逛食街，買鴨梨，爲天津特產。夜宿津利華旅社。

八日，上午參觀寧園，司機路不熟，耽誤不少時間。園中有一塔，以一元票價乘電梯昇至塔頂，眺望天津市景，然後參觀大悲院，沿途乞丐很多。午飯後逛文化街，淑玉不愼將水晶品碰破，結果賠了五十元人民幣了事。

三時又循京塘高速公路返北京，遂至機場搭澳航NX〇〇一班機五時三十五分起飛，八時二十五分降落澳門機場。又轉澳航NX六一二班機，十時二十五分起飛，十一時三十五分降落中正機場，回家已是午夜一時二十分了，圓滿結束十一日的中國大陸東北之旅。

哈爾濱的飯店幌子：紅色係由漢人所開的，藍色係由回族所開，黃色爲素食。掛一個表示係普通飯店，兩個表示有酒有菜，無人掛三個以避「撒謊」諧音，四個爲高級飯店，可辨酒席。

九、返鄉尋根

籌劃已久的全家返鄉尋根之旅，終於民國八十七年（一九九八）三月廿八日展開了。在出發前夕次媳淑玲意外地將腳趾傷了，左腳小指骨裂，雖經醫治包紮，但行動不便，曾考慮是否同行，經研究結果決定還是一起前往，於是她便帶著兩支拐杖，隨同全家一齊出發了。清早四時起床，整好行李、吃完早飯，乘專車沿北二高開往中正機場。六時抵達，與同鄉陳季龍夫婦及其長子陳國翔先生，尋國棟先生及其長子尋冠華先先會合，加上我們全家六口，共十一人，遂即辦理登機手續，八時五十三分起飛，十時十二分降落香港啓德機場，隨即轉機，十一時四十分登上民航CA一〇二班機飛往北京，航程二一四〇公里，飛行二時四十分於三時六分降落北京首都機場，當地氣溫十九度，四時二十分中旅導遊來接，遂乘車參觀天安門廣場，我已來過多次，但年青人乃是初次，感到新奇，照相留念。以後又參觀北海公園，然後至動物園餐廳晚餐，夜宿中苑酒店。

三月廿九日，清早到旅社外運動，當地亦有人群在運動、跳舞、打拳。上午去參觀十三陵及長城。十一時登上八達嶺好漢坡，當時風和日麗，遊人如織，文德以七十元買了一

全国重点文物保护单位——悬空寺位于山西省浑 源 县 城 南 3.5 公里处的金龙峡西侧峭壁上。始建于北魏后期，迄今已有一千四百多年历史，为恒山十八景之魁首。

悬空寺面对恒山，背倚翠屏，上载危岩，下临深谷，造型奇特，惊险万状。谷底仰视，若断崖飞虹；隔峡遥望，如壁间嵌雕。为我国罕见的高空古建筑。全寺共有殿阁四十余间，陡崖上凿洞穴插横梁为基，楼阁之间有栈道相通，寺内塑有铜、铁、石、泥佛像八十多尊。是国内现存唯一的佛、道、儒三教合一的独特寺庙。

長城八達嶺上

民國八十七年三月闔家於北京福壽寺合影，左一：次子裴文德、左二妻顏淑玉女士，左三作者裴尚苑，右一：次媳林淑玲，右二：長媳黃翠娟，右三：長子裴文正。

北京天安門廣場

人民大會堂前

頂長毛圓帽。下午參觀同仁堂，該堂由樂顯揚於一六六九年創立，曾爲御醫，用藥謹愼，聲名遠播，歷史悠久。五時又去參觀福壽寺。晚上增科全家至旅社會面坐談。

三月卅日，參觀頤和園及故宮。先至頤和園，此次由東門進入，沿昆明湖旁長廊西行，由西門出來，未上萬壽山，與上次不同，如此一來，我全園可謂都欣賞到了。然後去故宮，由午門進入，沿縱線北進，一宮一殿，逐一參觀，最後由神武門出來。下午去天壇，範圍遼闊，有設計奧妙的回音牆。晚上乘夜車開往大同。

三月卅一日清早六時四十五分火車抵達大同車站，地陪導遊前來迎接，改乘十六人座汽車，行李裝在車上後座，開往雲岡賓館早餐，自助式中菜，有稀飯、饅頭、包子等，家鄉口味，十分可口。飯後參觀雲岡石窟，當時大雪紛飛，一片銀色世界，幾位年青人自小在臺灣生長，從未見過如此大雪，這一下可樂啦，眞是一次難得的經驗。

中午至大同市看九龍壁。下午開往五台山，途中順便登上懸空寺，有些驚險，門票每人十六元。然後路過「北嶽恒山」標示牌樓。四時半，天色陰暗，車行至半途，雪地路滑，爬坡困難，前車翻覆，致車塞里許，心想愈前進，恐怕路況更加艱困難行，而且夜行山路勢必更加危險，遂與同伴商量，爲求安全，決定折返大同，放棄五台山，留待下次再去吧！於是夜宿大同雲岡賓館。

四月一日，上午由大同出發，沿大運（大同至運城）公路南下，沿途大地均被白雪覆蓋，看不到煤灰污穢，經朔州，至寧武山頂時，車輛堵塞一小時，山西北部僅此一山，其餘皆沃野平原。下午二時至忻州午餐，四時半進入太原市，進住賓特大廈。太原工廠林立，煤煙四起，空氣污染嚴重，天空灰濛濛一片。

四月二日，清早漫步至兒童公園，園中有一水池，猶如臺中公園，沿池邊有很多人在運動，有成隊在體操，有的打太極拳，也有跳秧歌、散步的，不一而足，我同淑玉沿池轉了一圈，便回旅社早餐。

八時去參觀晉祠、雙塔寺、崇善寺。下午離開太原市再沿大運公路南下，至平遙看保存完整的古城牆，五時至介休又進入山區，靈石縣境全是山地，七時至洪洞縣天色已暗，去挑燈參觀「遷民遺址」──大槐樹，當時參觀時間已過，大門關閉，經交涉後才為開門引導挑燈參觀，一償尋根宿願。夜行至臨汾，宿於臨汾賓館。

四月三日，臨汾為堯帝故都，城中鼓樓依然完整無缺。清早仍順大運公路南下，至曲沃縣經禮元鎮造訪裴柏村，晉謁裴氏宗祠，僅三間平房一棟，十分簡陋，內置由韓愈撰書表揚裴度石碑一塊，祠旁另有一廣場，預備另建雄偉宗祠，現樹大石碑一塊上刻裴氏六世祖陵及其他幾位先祖畫像，供人祭拜，我們全家於碑前祭拜、祈福，以實現尋根願望。緣常樂裴氏係於宋初為避兵亂，自聞喜移居平陸縣常樂里。因時間所限不克深究常樂裴與聞喜裴的輩分關係，僅將我於七十八年（一九八九）修訂之常樂裴氏家譜留了幾本，以供參

全家於先祖石刻遺像前留影

考。

下午一時離開裴柏村，繼續南下，經中條山時又遇塞車，堵了一個小時，四時經黃河大橋頭，終於在五時抵達常樂鎮－我的故鄉。

四月四日，至馬村水嬌妹妹家拜訪。四月五日清明節，全家及兄長子侄們數十人，去上墳掃墓祭拜。文正、文德及兩位媳婦均係初次回鄉祭祖，意義非凡，然後又帶他們去參觀常樂裴氏宗祠－現已被人佔住，我的出生地－老院已被填平。又去街上趕集（每逢陰曆三、六、九日有市集，該日爲陰曆三月初九），以了解常樂風情。

四月六日上午，等尋國棟父子自永濟來後，便離開常樂鎮向三門峽出發，經過張裕村同陳國翔一齊開往洛陽。一行九人乘一部十六人座旅行車，行李隨行，十分方便，夜宿洛陽新友誼酒店。文正翠娟當晚出去打電話，遭到當地人敲詐，經公安查證後才解決，回旅社已近午夜。

四月七日，有一位地陪劉小姐隨車導遊解說，據說每年四月十五日起，在洛陽王城公園舉辦牡丹花會，我們早了一個星期，花會尚未開始，只看到街上花園中有含苞待放的牡丹花。上午參觀龍門石窟、關林、白馬寺，下午參觀少林寺，該寺正在整修中，與初次去看的情況大不相同，環境改善多了，附近已成鬧市，我們看完塔林後，便離開洛陽，前往鄭州，五時抵達。參觀黃河博物館，黃河沿岸共有數十處水庫，發揮防洪，灌溉及發電多

全家攝於常樂自宅庭院（左三姜宏達）
八十七年清明

闔家攝於嵩山少林寺前

重功能。

晚上由鄭州搭火車「軟臥」開往西安。

四月八日，清晨八時抵達西安火車站，由一位李姓導遊來接待，先把我們帶到建國旅社，原訂萬年旅社因開國際會議臨時改至此，並未經我們同意，且不在主樓而被安排在寫字樓，設備較差，顯然受騙，後經交涉退費以作補償。

上午參觀半坡遺址，展示中華民族先民生活狀況，中午至華清池參觀，已大加整建，恢復舊觀，看到楊貴妃浴池，蔣中正委員長蒙難處。下午參觀兵馬俑，晚餐時吃餃子宴，本擬看歌劇表演，因受不平等待遇而拒看。（當地票價五十元，臺胞要一一八元）

四月九日，上午參觀動物園，有熊貓兩隻一棕一白，引人注意。十時登上西安南門城牆，城牆甚寬，可行四線車道，比長城寬一倍強，登城遠眺，內外景色均收眼底。下午至咸陽機場飛往香港，轉回臺北，結束了十三日的全家返鄉尋根之旅。此次將山西省自頭至尾「走透透」。

十、一九九九世界花卉博覽會

一九九九年世界花卉博覽會選定在中國雲南昆明舉辦，中國有關單位籌劃多年，並訂於今（八十八）年五月開幕，供人參觀，電視廣告不斷播放，深深打動我心，確為千載難逢的一次盛會，於是決心組團前往觀光。

五月十八日上午六時，由榮泰旅行社備車沿途召集團員，沿北二高駛往中正國際機場，八時抵達。馬耀宗、荊耀山也分別由台中、中壢趕到，一共十四人。由周國興先生領隊，九時半搭復興航空ＧＥ三五一班機飛往有「東方蒙地卡羅」之稱的澳門，一一〇五降落澳門機場，出關後由一位地陪張小姐引導，李司機駕車，通過拱北海關，進入珠海市。

下午一時半於「春興美食」午餐，三時至中山市翠亨村參觀國父故居，該建築由　國父於一八九二年親自設計，為兩層五間樓房，富中國建築特色，庭院中有　國父親手種植的梅樹，房中陳設　國父當年為人看病的桌椅、床等遺物。此一景點我去（八十七）年曾來過一次，沒有多大改變。

五時抵達廣州市，然後於金源酒樓晚餐，夜宿「白天鵝賓館」。

五月十九日，五時起床，六時同淑玉散步至旅社旁公園內，有不少當地居民在運動，作體操，我們隨同一齊動作，以後天下雨了，遂冒雨匆匆跑回旅社。

七時半於機場吃廣東粥，然後乘CZ三三八三班機飛往張家界，票價六二〇元人民幣，歷一時廿分降落張家界荷花機場，當時天雨，機場只有我們飛來的那一架飛機，出關後由地陪王小姐導遊，她自稱爲土家族姑娘，但外表看來和漢人沒多大差別，可能生活習俗有所不同。據說張家界有一五〇萬人口，其中一半爲土家族人。

㈠張家界

張家界位於中國湖南省西北部，現爲世界知名的旅遊勝地，其主體景觀爲武陵源風景區，有國內外罕見的石英砂岩峰林，奇峰異石，拔地而起，排煙而至，千姿百態，給人以無窮的想象空間，這裡有秀麗迷人的溪、泉、湖、瀑。其中有完整的，原始狀態的生態環境，森林覆蓋率達百分之九〇以上，珍禽怪獸出沒其間，奇花異草四季飄香，堪稱天然的動植物王國，匯集這些特點，使武陵源集大自然神、奇、幽、野、秀諸般神韻于一體。

張家界市境內的其它主要景觀有「溶洞奇葩」九天洞、「百里畫廊」茅岩河、「武陵之魂」天門山、「江南名刹」普光禪寺、「楚南聖地」五雷山、「賀龍元帥」故居、紅二、六軍團長征出發地，湘鄂川黔「革命根據地」紀念館及濃縮廿多個少數民族多彩多姿的民俗風情，它們與武陵源風景名勝區緊密相連，交相輝映，每年吸引數百萬海內外觀光客來此旅遊。

武陵源風景名勝區由張家界國家森林公園，索溪峪自然保護區，天子山風景區組成。總面積三九〇平方公里，其中核心景區二六四平方公里，位於張家界市境內。

這里古稱「九州之外，南裔荒蕪之地」，秦屬黔中郡，漢屬武陵郡管轄，后歷代更替，屢易其名，至一九八五年始定名為武陵源。

億萬年前，這里曾是一片汪洋大海，歲月悠悠，滄海桑田，大自然威力無比的「印支」、「燕山」和「新構造」運動，將這里抬升成陸地，江河，隨后又以揮灑自如的鬼斧神工在這里「砍削切割」、「精雕細刻」，從而有了今天這般具有原始生態體系的石英砂崖、峰林、峽谷地貌。形成千峰聳翠，萬石崢嶸，洞壑幽深，溪水潺潺的獨特自然景觀，被譽為「大自然的迷宮」、「中國山水畫的原本」、「天然博物館，地球紀念物」、「擴大了的盆景，縮小了的仙山」……。一九八八年，中共國務院正式確定武陵源為國家級風景名勝區。一九九二年，聯合國教科文組織世界遺產委員會將武陵源列入「世界遺產名錄」。

武陵源旅遊勝地主要內容分三部分：奇峰三千、秀水八百、藝術魔宮。

奇峰三千中著名的有：神堂灣、天兵聚會、后花園、閨門迎春、劈山救母、仙山瓊閣、千里相會、夫妻岩、龜蛇鬥、將軍岩、金鳳展翅、楊家衆將、採藥老人、夢筆生花、御筆峰、金鞭岩、南天一柱、金龜探雪、南天門等。

秀水八百：著名的有金鞭溪（長六公里）、鴛鴦瀑布、山瀑、紫草潭，山水相映，水繞四門，寶峰湖等。

藝術魔宮：著名的有黃龍洞、觀音洞、懸寺洞等。溶洞內鐘乳石繁多而珍奇，置身其間，彷彿到了傳說中的「龍王宮」而贊嘆不已。

總之：張家界的風景絕佳，令人嘆爲觀止。

張家界風景區門票六十二元人民幣，纜車票七〇元，六人一車。二時半登上山頂，映在眼前有六奇閣（山、石、水、雲、植、動），分別介紹六大奇景。然後步上「摘星台」，海拔一一八三公尺。飽覽奇峰怪石，雲海深谷，天氣晴朗，遊客不絕。三時半由黃石寨索道站下山，夜宿祥龍酒店。

五月廿日，清早四時半即起床，整理行李，大件寄存旅社，攜簡單行李準備上山。今日上午主要目標爲天子山，海拔二〇八四公尺，搭纜車上山，此處索道兩年前才完工營運，在此眞正見識到所謂的「奇峰三千」。中午在山頂祥龍山莊午餐，然後遊附近的賀龍公園，園中有賀龍塑像。

下午至武陵源寶峰酒店住宿，晚上在該處用餐，領隊周興國先生買烈酒助興。

廿一日清早沿街散步，參觀張家界市武陵源區軍地小學，有人捐助興建五層樓教學大樓一幢，沿街有小店鋪，但大多尙未開門營業。

㈡寶峰湖、黃龍洞

寶峰湖位於萬山懷抱中，為一高山湖，長二千公尺，寬數百公尺，離武陵源區政府僅一公里之遙，它像鑲嵌在青山翠谷中的一塊翠玉，湖水晶瑩碧透，我們泛舟其中，激起一陣漣漪，湖中停一艘畫舫，其中有幾名姑娘穿著華麗的傳統服飾，表演土家歌舞，招攬遊客供人欣賞。今日天雨，雲霧濛瀧，別有一番景象，湖位於半山，山路陡峭，年老或體力差者，上下困難，當地居民備有轎子供人乘坐。

下午參觀黃龍洞，被人譽為「迷人的地下皇宮」、「絕世奇觀」，位於武陵源區境內，置身洞中，你簡直不敢相信這眼前的一切；那奇異無比的鐘乳石，那幽深莫測的陰河，懸空的瀑布，高闊的洞天，美不勝收，歷兩小時半出洞。

五月廿二日，今日將離開張家界飛往四川省成都市，清早五時起床，整理行李準備下山，六時下樓在戶外活動，打太極拳，早餐後出發，九點半至張家界參觀「秀華山館」，為一四合院式兩層樓建築，由私人經營，主要陳設販售土家族文物及紀念品，並表演土家族歌舞，當時我們欣賞了一段，由一群年輕面貌佼好的男女對唱情歌，也聽了一段，女兒出嫁前的「哭嫁歌」，一進大門懸一面大鼓，有遊客來時即擊鼓奏樂，表演歌舞以示歡迎。

十時許又去參觀一間普光禪寺，該寺祀奉太上老君、元始道君、通天道主。

下午一時由張家界荷花機場搭機飛往四川成都，機票每人五八〇元人民幣，因飛機票不對號入座，登機時大家擠成一團，十分混亂，眞是天下奇觀。二點四十分起飛，進行平穩，歷一小時（三點四十六分）降落成都機場。

出關後搭遊覽車，由小丹導遊，司機姓勞，帶我們去參觀杜甫草堂，與前次來時相比，環境已大爲改善，大門外停了不少遊覽車。

晚上於同仁堂御膳宮晚餐，鄰桌有人慶生，才想起今天也是我的生日，不願驚動別人，只和淑玉默默相互祝福罷了，夜宿華洋花園城大酒店，五星級相當不錯。

廿三日，清早四時半起床，整理行李，準備今日要開往九寨溝，大件行李寄存，僅攜簡單換洗衣物，不過要帶防寒衣物。六時散步至人民廣場，有不少人在運動，我們也在該處練太極拳。早餐後，八時出發，但車況欠佳，無擴音設備、冷氣不冷、座椅亦無法調整。有人要求換車，不過地陪與司機關係密切，他們之間有默契，於是我們只好忍了。

車行一段不算短的路程，發覺假牙留在旅社了，打電話回旅社請其代爲察看尋找並予保留，但據回報說「不見了」令人失望。

十時至都江堰再前進即進入山區—阿壩州，環山沿溪而行。中午至文川縣禹王酒家午餐，吃土家菜，既酸又辣，據說他們祖先來自山西，與我們是同鄉哩！難怪喜歡吃醋。成都至九寨溝四四七公里。傍晚行至中途站—松潘，海拔較高，氣溫驟降，且風大，很冷，遂即進入「太陽河旅社」，換上冬裝，旅社設備簡陋，晚餐時補吃壽麵，並贈藥酒，熱情感人。

晚飯后與同伴散步，登「松州」古城樓，逛小街，同伴馬耀宗買了一件大外套，以禦風寒。

明日行程預定要去「黃龍」，但有幾位年長同伴血壓升高，導遊認爲有所顧慮，經研究後大家同意決定改變行程，放棄「黃龍」改去另一景點—牟尼溝。

廿四日，今日不去黃龍改去牟尼溝。八時出發，一路泥土路面，道路窄狹，幸屬平地，歷一小時進入景區，豁然開朗，有一小溪自林間穿過，瀑布數出，十分寬闊，頗爲壯觀，形成美景，當地居民提供牛隻、獵槍、野獸等道具，供人騎乘拍照，沿溪欣賞風景，步行兩小時，然後離去。

下午一時至「川主寺」，該寺祀奉李冰父子。然後又至弓杠嶺，爲嘉陵江源頭，岷江分水嶺，岷江三六〇〇公尺長，嶺北森林茂密，嶺南一片荒漠，景色迥異。

四時經過上寺寨，塔藏鄉至樟杜鎭，夜宿九寨溝九龍賓館。附近有不少旅社，晚飯在旅社享用，菜色不錯，沒有像想像中那麼艱苦。

㈢九寨溝

凡到過九寨溝的人都會贊嘆的說：如果世界上眞有仙境，那就是九寨溝。

傳說很久以前，剽悍的男神達戈用風雲磨成一面寶鏡，送給心愛的女神色膜，不料魔鬼插足，女神不愼打碎寶鏡，碎片散落到四川西北的重山峻嶺之中，變成一一四個晶瑩的海子，形成了一個「夢幻仙境」—九寨溝。

九寨溝位於四川省阿壩藏族、羌族自治州南坪縣境內，南距四川省會成都四百多公里，屬高山深谷碳酸鹽堰塞湖地貌，主景區長達八〇餘公里，茫茫六萬多公頃，有長海、劍岩、諾日朗、樹正、札如、黑海六大奇觀。因溝內有九個古老的藏族村寨而得名，游覽區海拔一九八〇公尺到三一〇〇公尺，最低一月平均氣溫二・五攝氏度，最高月七月平均氣溫十七攝氏度，四季宜游。

九寨溝是一處佳景薈萃，神奇莫測的曠世聖地，是一個不見纖塵，自然純淨的「童話世界」：翠海、疊瀑、彩林、雪峰、藏情，被譽爲「五絕」。水乳交融，盡善盡美。

語云「黃山歸來不看山，九寨歸來不看水」，的確不錯。九寨溝的精靈是水、湖、泉、瀑、河、灘，連綴一體，飛動與靜謐結合，剛烈與溫柔相濟，千顏萬色，多姿多彩，高低錯落的群瀑高唱低吟；大大小小的群海碧藍澄澈，水中倒映紅葉、綠樹、雪峰、藍天，一

九寨溝原始森林

步一色，變幻無窮，水在樹間流，樹在水中長，花樹開在水中央，有「中華水景之王」美稱。

九寨溝的山，剔透神奇，蓊郁繽紛，這裡正處於南北植被過渡地帶，針葉闊葉種類繁多，交相輝映，濃蔭蔽日的森林中棲息著大熊貓、金絲猴、白唇鹿、牛羚等珍稀動物，是天然的動植物園。

勤勞的藏族人民在這裡辛勤勞作，創造。飄動的經幡，古老的水磨坊，遲緩的牦牛……這些景象融化在奇山異水、藍天白雲之間，天人合一，使人羽化登仙。

廿世紀七十年代，這片在莽莽叢林中沉寂了千百萬年的仙境，終於被一群偶然闖進的伐木工人發現，一九七八年被列為自然保護區、一九八二年成爲國家首批重點風景名勝區。一九九〇年在全中國四〇佳風景名勝區評比中，名列新自然景區榜首，一九九二年被聯合國教科文組織納入「世界自然文化遺產名錄」，成爲全人類共同擁有的寶貴財富。

廿五日，正式遊覽九寨溝，七點半即出發，八時換乘由當地觀光局準備好的綠色大型環保汽車，有數十輛之多，來回穿梭運送遊客。先至正樹溝，然後直接開往原始森林處。下車紛紛與藏族姑娘化裝合照留念，背景爲高山森林，山頂覆雪，牛羊滿山坡，風景優美，儘情欣賞。

十時回程下山，每經一景點下車欣賞，並由訓練有素穿著華麗的藏族服飾的藏族姑娘一一解說，經五花海，珍珠灘等，每一景點各有特色，均有令人讚嘆之處。

十二時半至諾日朗午餐，大餐廳同時可容數百人，每客餐費十五元。二點四十分至長海、五彩池、季節海（七．五公尺），群山環抱，海面如鏡，反映出多彩多姿，五顏六色的山景，如幻似眞，令人叫絕，五時欣賞過火花海後便回九龍賓館休息，完成一天美麗愉快的山水之旅。

晚餐時至一遊樂場欣賞藏羌族民俗歌舞表演，吃烤羊肉，喝三碗酒（苦、酸、甜），當地各族歌舞輪番上場，聲勢浩大、壯觀、驚奇、掌聲不絕，令人印象深刻，眞有繞樑三日之感。

廿六日：離開九寨溝前往茂縣。

上午八時出發先至附近一家水晶館參觀。一小時後上山，一路盤旋而上。十一時參觀嘎米寺，寺中有數位喇嘛，沒有什麼特別，然後繼續向成都方向前進。

十二時於川主寺休息、午餐。飯后繼續前進中途參觀礦館。四時經點將台、疊溪海，路況驚險，沿江懸崖，灣灣曲曲，險狀超過蘇花公路，頻頻叮囑司機，慢行小心，以策安全。五點半抵達茂縣林業賓館，房間有霉味，要求更換。

飯后散步，逛小街，買鍋規（大餅）分享同伴。

晚上接交通管制緊急通知，遂即研商因應之道，以便能順利通過管制點。

廿七日清早五時起床，半小時後出發，天尙未亮。七時半中途休息，未發現特別狀況，繼續前進，直到八時廿分中途遇空軍車隊，我們於路邊休息，俟其通過後，繼續前進，未受多大影響。

九時半順利抵達成都，接著去遊青城山，此處爲道教聖地，我們搭纜車而上，一車二人，中途恰遇停電，懸在空中有數分鐘之久，實在是一次難得的經驗。

後半段需步行登山，也有人坐划竿，讓人抬上去。我與淑玉曾爬上最高峰，並登樓遠望，只見雲海起伏，風景如畫。樓中央塑有巨型老子騎牛像，由一樓直至三樓，充分表現道教彩色。

下午去都江堰參觀，中途車被警攔檢，不知什麼原因結果司機被罰三百元。

石林公園湖邊，山水如畫

都江堰為戰國時著名的防洪、灌溉水利工程，據稱為蜀郡太守李冰父子所修築，主要工程分魚嘴、飛沙堰、寶瓶口三部分，灌溉出廣大肥沃的成都平原。岷江上有一鐵索吊橋，通過時搖擺得厲害，膽小的驚呼不已，令人印象深刻，江邊有二王廟，祀奉李冰父子，以感念其對人類的偉大貢獻。

廿八日，上午參觀成都著名古剎文殊院及漢昭烈帝廟、陵墓。

下午赴成都雙流機場，準備飛往昆明，機票每人五一〇元人民幣。二時起飛，歷一小時後降落昆明機場。出關後由一位朱姓女導遊帶領。司機為蒙古人，先帶我們去參觀金殿，原為吳三桂滇王宮遺址，現祀奉道教三尊：元始天尊、靈寶天尊、道德天尊。即玉清、上清、太清仙境。

六時至昆明南澳酒樓晚餐，有饅頭、涼麵。八時欣賞彩雲南歌舞表演，演技精采，令人讚賞、驚嘆！夜宿昆明飯店。

廿九日，參觀石林

八時出發，行經陽宗海，沿海邊而行，海長十二公里深三〇尺，途中導遊講雲南有十八怪：其中有「背著孩子談戀愛，四季衣服同時帶……」。經湯池縣宜良壩子時，說該處爲雲南糧倉。並介紹雲南稱美女爲「阿斯瑪」，俊男爲「阿黑」。

十一時抵石林賓館午餐。十二時半參觀石林，攜雨具步行前往，遊客十分擁擠，三路縱隊，相擁前進。

石林是典型石灰溶岩地區，主要由大石林、小石林所組成，石林內奇形怪狀的石群、溶洞、水池、湖泊及鐘乳石洞是經過千萬年侵蝕而成的自然風景區。我們先至石壁上刻有「石林」二字前攝影留念，然後隨人群前進，經獅子亭、劍峰石、蓮花峰，望峰亭等處，爬上爬下，有些累人，以後至水池旁休息，欣賞阿斯瑪石柱。三時走出石林，看民俗歌舞表演。三時半循原路返回昆明，晚上吃雲南風味餐—過橋米粉。

㈣世博會

卅日主要去看世博會，八時半出發，很快即至會場，會場位於昆明市北的金殿風景區，

大石木

小石木

首先映入眼簾的是門口大型吉祥物—金絲猴，大家爭相照相留念，遂即購票入場，門票一○○元人民幣。據介紹場地面積二一八公頃，建園費二八一億人民幣，歷數年規劃設計建築而成，其中分室外、室內館。參展者有六十個國家，廿個國際組織及上百家企業共同參與。室內館以中國館最大，另有「人與自然館」、溫室、科技館及國際館，另外各國設有室外展示區，範圍甚廣，備有遊園車，解除遊客奔波之苦，洗手間隨處皆有，且設備新穎、整潔，符合國際標準。

一進門有一廣場，場中豎立數株圓型花柱，周圍全敷以鮮花，地面也以各色花卉綴成圖案，十分美麗，引人注目。

九時半先看中國館，其中又分各省區，分別展示各省特有花卉，也有一間台灣館，擺的

1999 世界園藝博覽會入口

是蘭花。看完中國館再看自然館。中午於園中大餐廳用餐，各省餐點均有，可說集全國美食於一廳，也是一大奇觀。

下午接著看其他各館及室外展區，三時突然來了一陣大雨，我們於巴西館避雨，半小時後雨停，欣賞戶外民俗歌舞表演。五時出園。六時於金茂酒店晚餐，七時回旅社，結束最主要一天的世博會觀光。

㈤龍門、滇池

卅一日，清早五時起床，早餐后七時半即出發，今日上午去遊西山龍門。九時搭龍門纜車，雙人座，索道長一一〇〇公尺，登上山頂，參觀龍石窟，洞中有塑像，爲佛教聖地，沿山壁羊腸小道而行，十分驚險，另一面爲懸崖峭壁，其下即爲五百平方里的廣闊滇池，居高臨下，滇池全貌一覽無遺，令人心曠神怡，然後徒步下山，越石穿洞十分有趣，下山後乘車去參觀華亭寺，又至公園內參觀圓通寺大觀樓，觀賞清山、碧水、彩魚、白橋、紅亭、朱殿、殿柱有一幅長聯，每邊各有九十個字，以描述該寺勝景。

下午至昆明機場前往珠海，機票八一〇元，二點四十分起飛，一小時后降南寧機場，十分鐘后原機起飛，五點十五分降落珠海機場。

在珠海參觀了圓明園，比照北京圓明園而建，爲一新景點，吸引觀光客，七點半看一場大型表演，先在中央舞台表演，一會兒忽聽左邊山頂砲聲隆隆，火光四起，接著一隊人馬湧出，自觀衆面前馳過，突然右邊山頭也冒出一隊人馬呼應、喊叫、撕殺、震撼全場，經過一陣惡鬥，終於正義戰勝邪惡，凱旋而歸，如此大場面表演前所未見，令人印象深刻。

六月一日，由珠海過澳門，參觀普濟禪院，院中有當年中英談判遺跡—不均圓桌面，以示中英所訂的不平等條約，也去參觀澳門地標—三巴牌，為古教堂被焚的遺跡。

下午由澳門機場搭機飛返台北中正機場，順利平安愉快地完成了大陸山水花卉之旅。

參、亞　洲

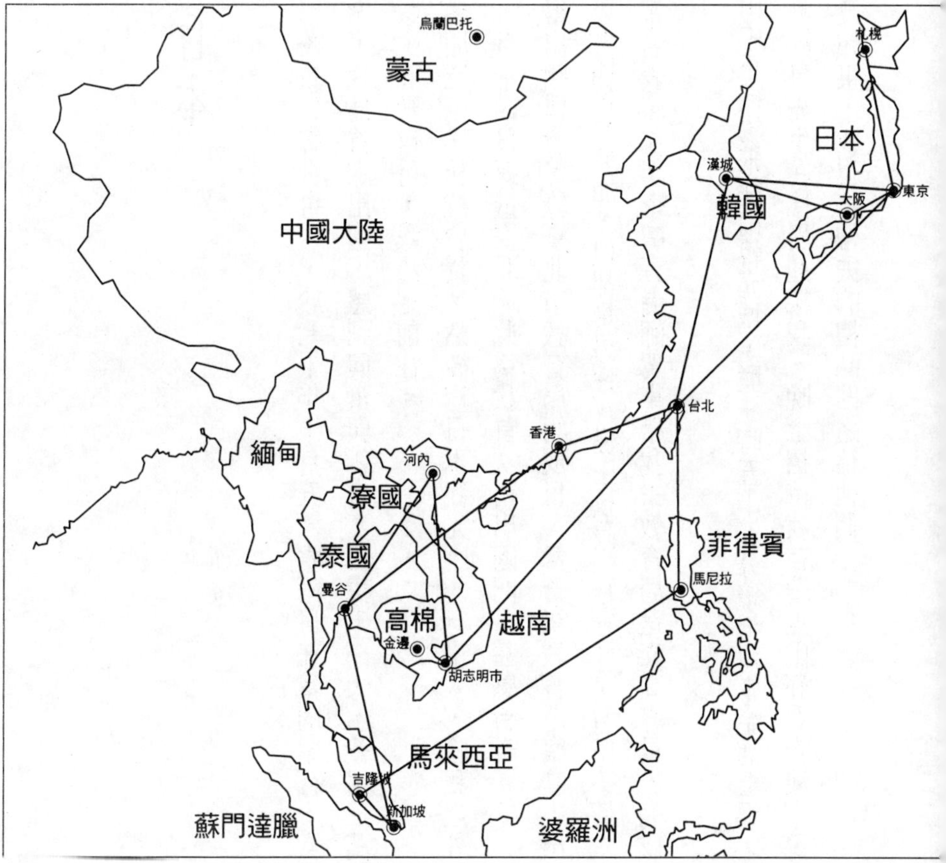
烏蘭巴托
蒙古
札幌
日本
漢城
東京
大阪
韓國
中國大陸
台北
香港
緬甸
河內
寮國
菲律賓
泰國
馬尼拉
曼谷
高棉
越南
金邊
胡志明市
馬來西亞
吉隆坡
新加坡
蘇門達臘
婆羅洲

一、南韓、日本

「第三屆泛太平洋私立學校教育聯合會」，於七十年十月五、六兩日在韓國舉行，當時王校長不去，要我代她出席，我爲首次出國，感到興奮與新奇。日韓十一天，費用三萬六千，學校貼補往返機票半數，餘數自付，我決定前往。

十月四日，隨團赴南韓參加泛平洋私校會議，然後轉日本觀光，一行卅人，除我之外都是私校校長或董事長，於十月十四日返抵臺北。此爲我首次踏出國門，甚感新奇。

七十二年四月，再度獲得出國機會，緣臺北市教育局組成日、韓資訊教育考察團，出國訪問，有十餘位校長及教務主任報名參加，但都是男性，僅王校長一位女性，有所不便：故她決定要我參加。遂即塡報名表，並請李敏芳老師駕車帶我去教育局送交高專員，完成報名手續。

廿九日上午十時四十分由中正機場飛往南韓漢城，歷一時五十五分鐘抵達—金浦機場，崇實高中校長金昌杰及校監朴熙昱先生在機場迎接我。晚上招待我在華克山莊看表演—民俗歌舞，並送我一簍大梨子及蘋果，我也將帶去的禮品回送給他們。

日本東京迪斯奈樂園

卅日清晨韓國漢城室外氣溫只有四度，十分寒冷，當天我們參觀漢城大學電算中心及工學院，下午四時即至機場，金校長及朴先生又去送行，並送我糖果盤一只及人參一盒，盛情感人，六時登機，八時抵達日本大阪。

五月一日，到京都參觀卅三間堂、金閣寺、平安神宮，然後開往名古屋，夜宿第一富士大旅社。

五月二日，參觀小牧高工，學生進門即換拖鞋，學校很乾淨，技能檢定及格率爲百分之九〇，成績不錯。下午乘新幹線火車「閃光」號至東京，夜宿東京「帝國大廈」，氣派非凡。

五月三日，搭機飛往北海道，至啤酒廠喝生啤酒吃烤羊肉，然後看世運滑雪場，下午至札幌市，北海道一片枯黃，人煙稀少，牧畜業盛。

五月四日，參觀「北海道立教育研究所情報處理中心」，他們均以電腦作業，經「中山峠」時賞雪景，再至洞爺公園，看昭和新山—活火山、洞爺湖。下午至苫小牧看「白老部落」夜晚乘遊輪，次日中午抵達仙台港。然後乘車往日本三大名勝（松島、宮島、天之橋）之一松島，乘遊艇遊松島，海中小島四散，海鷗群舞，爭食遊客散發之食物，隨船追逐，十分有趣，並參觀宮城—青山公園，夜宿「仙台東急旅社」。五月六日，參觀「仙台工業高等學校」，該校有廿年歷史，但設備陳舊，且無電腦，讓我們看日本學校的另一面。下午到達鬼怒川，夜宿鬼怒川溫泉旅社，洗溫泉、著日式浴服、食日式晚餐，大家喝酒、唱歌、跳舞、行酒令，樂甚。

五月七日又至東京，遊迪斯奈樂園，坐太空火箭，十分刺激，甚至有些恐懼，下次再也不想坐了。晚餐由工農吳校長朋友請客，吃中國菜，喝不少酒，賓主盡歡，夜宿王子旅社。

五月八日，自由活動，去橫濱逛中華街，曾托一位山東人許志誠，為家中寄回一萬五千元日幣，以後才知家人並沒有收到這筆款項。不知問題出在人的貪婪或郵電的疏失上？

五月九日，參觀「千葉縣立高商職校」，該校有情報（資訊）處理科兩班，與電腦有關課程每週有十七小時之多，簡報後看學生實習，感到他們教學十分踏實。下午至「福壽莊」，參觀養老院揭幕典禮及院內設施，十分方便、安適。以後又去參觀「船橋市立船橋高等學校，該校亦有商科，電腦設備較新。晚上至吳校長朋友家晚餐，日式個案，不少當地議員、名人作陪。飯後並每人贈送一包海苔。

五月十日，爲旅遊最後一天，上午逛免稅店，購物。中午在銀座雞餐廳午餐，下午大家又去橫濱，然後直往東京羽田機場，六時登機，廿分鐘後起飛，經三個小時於八時許安抵中正國際場，結束了十二日的參觀旅遊。

二、東南亞遊

七十六年七月廿五日起至東南亞作五國十四日遊，先至菲律賓首都馬尼拉，看到貧富差距甚大，國民所得月入約爲三千臺幣。次日，遊百勝灘，船夫辛苦，令人同情。廿七日至馬來西亞、吉隆坡，比菲國要進步得多，參觀黑風洞，爬二七〇級階台，印象深刻。廿八日下午至麻六甲，逛夜市初賞果王—榴槤。

廿九日下午進入新加坡，在車上導遊一再強調不能亂丟垃圾，所以新加坡以「乾淨」著稱，六三六平方公里土地，二五七萬人口，以轉口業、工業及觀光收入維持生存發展。我們參觀了印度廟並遊聖淘沙島。次日又參觀虎豹別墅、鳥園、魚尾獅—新加坡的標誌。

卅一日至泰國曼谷，中午在皇宮大酒店用餐，服務生腳踩滑輪送菜，爲一特色。然後參觀鱷魚潭及大象表演。泰國有六萬間廟，男人個個當和尚，八月一日參觀玉佛寺，下午去巴達雅，距曼谷一五〇公里，晚上看人妖表演，次日，乘船遊珊瑚島，中途船停海中，讓人乘汽艇、水上摩托、射擊、乘降落傘等，中午上岸午餐。回程風大，不少人暈船。八月三日上午參觀芭東園，爲一陳姓華人所有，範圍甚大，規劃不錯，風景迷人，有

泰國留影

歌舞表演，大象表演，餐廳、人工湖等，遊覽拍照歷三小時，下午返回曼谷。

四日上午遊湄南河、參觀水上市場，但河水甚髒、環境很亂、人民貧脊，泰國民情由此可見一斑。下午則參觀五世皇居、毒蛇研究所。

五日上午參觀金佛寺，其中有以五五〇〇公斤黃金塑成的金佛一尊，遊客甚多，下午參觀中央百貨公司，規模不小，居泰國第一。然後飛往香港，晚上給文正通電話，得知他考取國立技術學院。

六日遊香港淺水灣、海洋公園、乘纜車、看海豚表演、跳水表演等。下午逛中國國貨公司，以三〇〇美元購相機一架。

七日，自由活動，與林杏琳同學相會，請其帶我去為七哥寄錢，因未帶入境證雖有護照，銀行仍不兌換旅行支票，無奈只好將身上僅有現款八〇〇港幣換三八〇元人民幣寄給七哥裴尚吉。

晚上八時三十五分飛抵桃園中正機場，結束了十四日的五國遊。

三、越南行

最近有機會赴越南參觀，特將所見陳述如次，以供分享。

八十一年十月十八日首先到達越南胡志明市（原名西貢）。由於越南現為共產主義國家，雖已採開放政策，但對外匯管制仍然甚嚴，旅客出入境時須塡所攜貨幣數目，有位同伴即因所塡外幣數目與實際不符，於通關時遭受留置，詳細核對以致延誤行程，甚至失去遊興而提前回台。

進入市區後，首先發現他們的交通工具多為腳踏車或為五十C.C.輕型摩托車，極少汽車行駛。市區房屋大多是二層樓建築，且大部份是法國人統治時所遺留下的，久未整修、破損不堪，沿街多為設攤小販，很少有像樣的商號。市民穿著亦不考究，婦女多穿短衫、長褲，很少看到穿著越南傳統式長旗袍開高叉隨風搖曳的風情。

令人印象最深的是市內乞丐特多，每當我們自餐館出來至某地參觀，都會引來一群大大小小的乞丐，伸手要錢，糾纏不已，很難應付。越南人民生活情形，由此可見一斑，據說治安情況非常不好，旅客夜晚都不敢外出。同伴中就有一人在日正當中時被扒的實際經驗。

南越現爲北越所統一，表面上一律實行共產主義，但實際上南北越仍有相當差距。南越較自由，北越較封閉。

越南的災難據觀察來自兩方面，一爲共產主義制度。一爲越南戰爭，越戰前後歷十餘年之久。不僅使越南人的生命財產遭受嚴重損失，就連美國人也犧牲不少，最後被越南的民族意識所擊敗。我們曾參觀越戰遺跡，那就是距胡志明市不遠的「古芝地道」，爲越共避免美軍轟炸而掘的地道，長二五〇公里，且分上、中、下三層，地道高不及八十公分，寬約五十公分，僅容一人屈身通過。其中有廚房、會議廳、指揮所、醫療所及供飲水之水井、防敵人侵入之陷阱，每隔一段均設有通氣孔通往地面，但經掩蔽後很難發現。越共多晝伏夜出，偷襲美軍。接著去參觀了所謂的「美軍越戰罪行館」，在那兒看到越戰時所使用過之各式各樣武器，包括坦克車、飛機、大砲及六噸的炸彈，並展示一些戰爭慘烈照片及統計圖表等。同時看出越南人的民族意識及反美情緒，這也是越共獲勝的主要憑藉。

十月廿日又去河內參觀，河內現爲越南首都，但在河內看不出繁榮景象，沿街只有擺攤小販，沒有擁塞的車陣，只有法國式的古老建築，沒有新建的房屋，到鄉下時，有機會看到一家民宅，床上只有一張草席，沒有看到棉被及衣物，可說「家徒四壁，空無一物」，正好一位老人在用餐，桌上只有一碗白飯，少許醬油，一碟小魚，半碗榨菜而已，生活悽苦由此可見。

自河內經海防至下龍灣，車行六小時，爲唯一觀光勝地，海中有三千小島星羅棋布，山勢陡峭，形狀各異，有如石林，曾有人譽爲「世界八大奇景之一」，風景之美，可以想像，乘船穿梭其間，陽光普照，清風徐來，此時煮鮮蟹，配美酒，誠一大享受。越南値得觀光之處，可能僅此而已。

越南有廣大的平原，肥沃的土地，淳樸的民風，理應十分富有，戰前曾有「世界糧倉」之美譽，但經連年戰火摧殘，人民生活塗炭，民不聊生，而實行共產主義，更是雪上加霜，苦不堪言，不禁要回頭看看我們自己，實在太幸福了，但有些人卻身在福中不知福。希望大家能珍惜這份得來不易的安定與繁榮，繼續努力，創造更美好的明天。

四、越南日記

民國八十一年十月十八日，隨同私校聯招會校長們去越南參觀訪問，八時一刻由中正機場直飛胡志明市（原名西貢），十一時廿五分降落新山一機場。越南與臺灣時差慢一小時，夏校長通關時因申報錢數與實際不符而惹來麻煩，費些口舌。

中午市區午餐，出餐廳後被一群大小乞丐包圍，王廣亞校長被扒不少美金及信用卡，事後才發現，立即止付掛失。

下午參觀天后聖母宮及歷史博物館，夜宿水上旅館，觀賞西貢河上夜景。

十九日遊「古芝地道」，爲越戰時越共爲避美機轟炸而擴大挖掘，共有二五〇公里之長，彎彎曲曲。有些地方上下三層，地道高約八十公分，寬五十公分，僅容一人屈身而過，甚至有些地方僅能由瘦小的越南人匍匐穿過，高大的美國人則無法通過。據說地道可直通西貢河，頗有情調。

下午參觀「獨立宮」及「美軍罪行展」，看炸彈王，有六噸重，上端附有降落傘。晚上於船上用餐，邊用餐邊遊西貢河。

廿日去遊「下龍灣」，由西貢機場搭機至河內—越南首都，改乘汽車開了六小時，晚上七時許才抵達。中途上廁所小解時，有人遭當地人找麻煩，費了不少口舌才化解，夜與胡樹斌校長同室，鼾聲使我無法入睡。

廿一日，八時乘船遊下龍灣，該處有三千圓形小島浮現海面，星羅棋布海灣中，形成壯麗景觀，有人稱爲「世界八大奇景之一」，其中有一鐘乳石洞，規模並不大，但有其特色。下午又坐六小時汽車返回河內。晚餐甚差，沒有吃飽，然後遊夜市，大家搶購玳瑁。

廿二日，清早漫步河內街頭，看到不少擺攤賣早點的，頗富越南特色，但爲安全起見，不敢嚐試。以後又看到一處菜市場及一所小學，設備簡陋，教室僅一塊黑板，桌椅破爛不堪，且大小不一，學生面帶菜色，衣衫襤褸，令人憐憫。上午十時由河內搭機飛往曼谷，中午抵達，下午開往「金剛島」，在那兒晚餐、看山地舞表演，不甚精彩。因係露天，蚊子很多，遂返旅社休息。

廿三日，在曼谷參觀玉佛寺及皇宮，因已來過，故不覺新奇。下午看金佛寺、大理石寺、逛百貨公司。逛夜市時，七人共擠一部計程車回旅社，印象深刻。

廿四日，上午乘船遊水上市場，下午搭機經香港返臺北，完成越泰一週遊。結果行李不見了，一週後又被送回，失而復得，喜出望外。

五、印尼峇（巴）里島（BALI）

八十九（二〇〇〇）年五月十三日，隨同文山婦女合唱團伙伴去印尼巴里島旅遊，是日清晨五時半由文正開車送淑玉及我至萬隆站集合，然後一齊乘由旅行社提供的遊覽車赴中正機場。

八時十分起飛，飛機上銀幕顯示台北距巴里島三八〇〇公里，航程五個小時。九時機上供餐，九點四十分氣流不穩，飛機波動，十二時機上又供漢堡，我配啤酒喝。下午一時降落巴里島KUTA機場。一點四十分出關，由一男性導遊引導，先去換錢，一〇〇美元兌印尼盾八十二萬。然後帶我們去騎馬，只有十匹馬，分批各騎卅分鐘，在田間小道上繞個大圈，蒙古大馬，女生多爲初次騎乘，甚感新奇，紛紛拍照留念。

當我們在咖啡店換小鈔時，不愼將錢給丟掉了，被人撿回，不過仍短少六萬盾。以後又帶我們去坐馬車，適逢天下大雨，幸好有車蓬無多大影響，在鄉村小道繞一圈，雨也停了。

七時晚餐，八時逛百貨公司，九時進入Baliclife旅社，五星級的設備不錯。

第二天（五月十四日），清早同淑玉到海邊散步、唱歌，十分逍遙。八時半出發去參觀皇宮，看到穿傳統服裝的國王（好像是爲招覽觀光而扮演者）及十餘嬪妃，唱歌、跳舞，供我們欣賞，以後也邀我們共舞同樂，坐馬車拍照，看鬥雞表演等民俗活動。

中午在皇宮內午餐，自助式，有烤乳豬及當地風味菜，總之，都不合胃口，不覺好吃。參觀皇宮設施及展覽後，吃下午茶，供咖啡及蛋糕。三時半去參觀另一皇宮，只看建築，沒有什麼活動，不過街對面有一傳統市場，多爲布匹、木雕，另外就是各種紀念品，沒有興趣，大家只是看看而已。

晚飯後有八位同伴去接受按摩服務，此爲生平第一次，大家換上睡衣，躺在大通鋪上，各以布幔間隔，接受一對一按摩服務，週身按摩，二小時後結束，花了二十五美元，另小費五千 RP。

第三天（五月十五日），今日行主要爲乘愛之船，八時出發，九時至碼頭，登上遊艇—愛之船。一上船先拍照，團體的，個別的，九時半開航，吃暈船藥，廿分鐘後，駛入外海，船顚跛得厲害，有人嘔吐，我無暈船感覺。十點四十分抵達離島—柏利達。喝椰子汁，居民住茅屋、搭草棚、賣東西，淑玉買了一條圍裙—實際也就是一大塊方布，另有人在鬥雞賭錢。

十二時搭半潛船，可觀賞海底景象，只見大小魚群游來游去，十分清晰，然後上大平

巴里島上騎馬

巴里島離島海上腳踏車

底船午餐，西式自助，菜色簡單，且無啤酒。

飯后紛紛下海游泳，起初不想下去，只看別人玩得不亦樂乎，受不了誘惑，臨時才決定下去，游了一會，海流甚急，只在船邊玩了一會，並騎水上腳踏車拍了一張頗富紀念性的照片。

二時半開船返航，一小時后抵巴里島。以後又去買咖啡豆，一五〇元台幣一包，晚上去洗SPA水療法。

第四天（五月十六日），上午自由活動，早餐後同淑玉散步至旅社後方海邊，沙灘上設有很多遮陽傘及躺椅，躺在椅子上洋傘下，海風迎面吹來十分涼爽，看海浪一波波前後推移，聽海濤聲陣陣悅耳，不覺神清氣爽，實一大享受。以後轉到隔壁一家旅社購物。

十時到旅社內泳池游泳，也十分愜意。

下午二時參觀一家木雕工廠，只見男女工人數人正在工作中，成品有大有小，精美細膩，儀態生動，維妙維肖。四時又去參觀一家臘染工廠。五時又至一家超市購物，看到一中年婦人付賬時發現皮包被劃，錢不見了，顯出一臉無奈，我們不得不提高警覺。

晚上吃龍蝦，每人一條，尚屬不錯。

最後一天（五月十七日），此次巴里島五日遊，最讓人流連難忘的應屬海邊風情了，故在這最后一天的清晨，不由得又走向海邊去享受清涼的海風吹拂。然後又至另一家旅社購繡花提包。以後又帶其他同伴去買。

十一時離開旅社，乘車去參觀印度廟，其一邊爲懸崖濱海，俗稱望夫崖，廟在叢林中，林中有猴群出沒，導遊曾警告要小心自己的帽子，結果還是有一位女士的帽子被猴子抓去丟掉懸崖下大海中，大家只好望帽興嘆。

午飯后逛免稅商店，買T恤等紀念品。

三時進人機場，四點四十五分起飛，五點二十分供花生米、飲料，六點機上用餐，六點三十分機上觀賞海上日落，美不勝收。九點供三明治，九點四十五分降落於中正機場，又乘遊覽車回家，十一點抵達，友瑞尚未睡。

肆、澳洲（大洋洲）

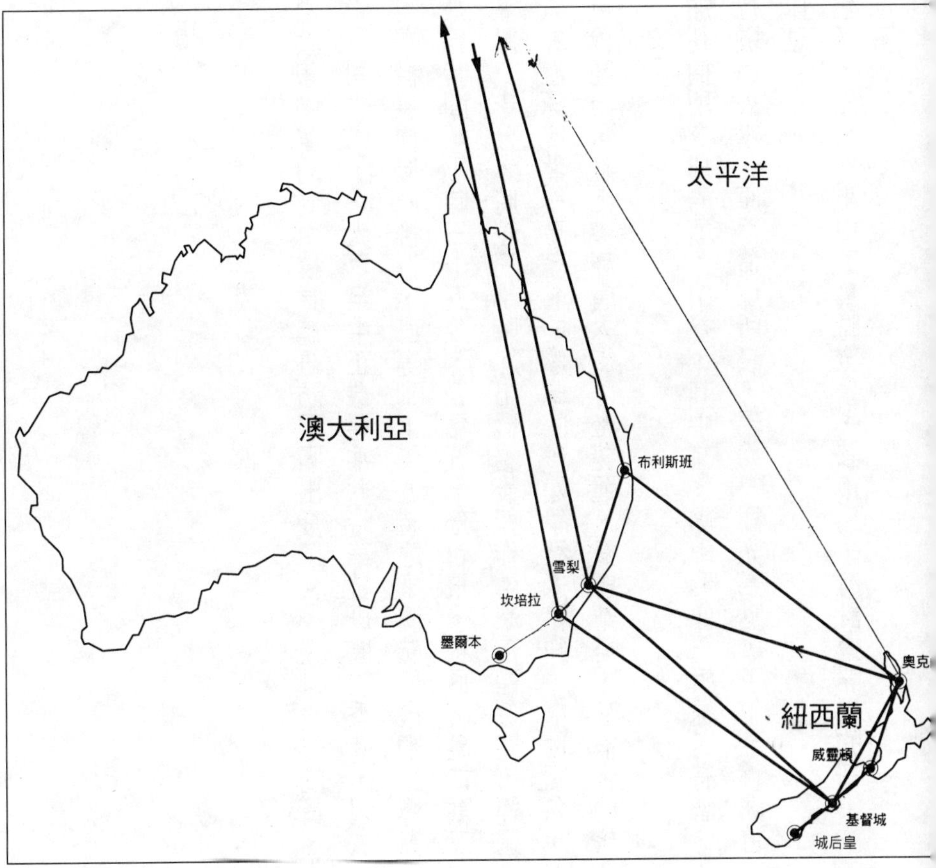

太平洋
澳大利亞
布利斯班
雪梨
坎培拉
墨爾本
奧克
紐西蘭
威靈頓
基督城
城后皇

一、澳大利亞

八十二年一月廿九日，由救國團辦的高中校長澳紐訪問團出發了。一共卅一位團員，我和淑玉與之同行，其中有十一對夫婦，一大早至中正機場乘七時華航班機往香港，因淑玉未辦港簽，不克入境；只得在機場轉機處徘徊，直等到下午五時才乘澳航班機飛往澳洲雪梨。航程七三五〇公里，飛行時間八小時三十五分，五點五十分起飛，次日凌晨二點三十分降落雪梨，當地時間爲五點三十分，時差三小時。出機場後即作雪梨市區遊覽，經過海灣，當地爲夏季，有不少人在游泳，然後至著名的歌劇院，建築型式特殊，舉世聞名。中午在遊船上用餐，下午逛免稅商店，晚上參觀唐人街、坐捷運、登雪梨塔，夜宿金門旅社。

卅一日，遊藍山，由油加利樹所形成的藍色山谷，其中有一處山形像三姐妹，有著一段傳奇故事。然後去坐垂直行駛小火車，原爲運煤所設，現爲一觀光景點，下午至澳洲首都坎培拉，晚餐後即入旅社休息。

二月一日，坎培拉市區觀光，先至一小山頂鳥瞰全景，該市爲一有計畫開發的都市，由山頂向下望去，自戰爭紀念館有一條觀光大道直過國會大廈，中間經過一座人工湖，湖中噴出一股水注高達八一公尺，十分壯觀。下山後參觀戰爭紀念館、國會大廈、大使館區，中共大使館係中國傳統式宮殿建築，很有特色。下午又回雪梨，七時抵達，八時逛街，晚上又乘飛機往布利斯班，次日凌晨二時方達。

二月二日，參觀植物園，看剪羊毛表演，那兒男廁以公羊 RAMS 表示，女廁爲母羊 EWES，令人莞爾。午餐吃小羊排，下午上山看全景。四時參觀鳥園，坐小火車，餵五彩飛鳥，十分有趣。

二月三日，清晨至黃金海岸沙灘上散步，海濤洶湧，一望無際，令人心胸開闊，晨光映沙，相當迷人。我們在海邊享受晨光美景，心曠神怡。十時去參觀海洋世界，那兒有海豚表演、滑水表演，並可坐空中小電車、小火車、空中纜車等。坐海盜船經過古煤礦區，驚險四伏，不時聽到旅客尖叫聲。

二月四日，自布利斯班飛往紐西蘭北島奧克蘭，與臺灣時差五小時，下午六時半抵達，先上伊甸山看全市景色。

二月五日，由奧克蘭南下至威吐摩，參觀世界奇景螢火蟲洞，搭小舟泛遊地下湖，其間頂部螢光閃爍，恍若繁星點點，實一奇觀，下午至羅吐魯阿參觀彩虹鱒魚、野豬、紐西蘭國鳥—奇異鳥。晚上看原住民毛利人歌舞表演。

二月六日，上午參觀毛利族文化村，附近有地熱、溫泉，土著以溫泉煮玉蜀黍。由義大利人所設計之懷瑞基地熱發電廠便在附近。今天由羅吐魯阿前往威靈頓，途經陶波湖（Taupo Lake），遠看山頂有積雪，湖光山色，風景秀麗，一路南行，下午七時抵達紐西蘭首都—威靈頓，遂即參觀國會大廈，上山頂鳥瞰全景。

二月七日，由威靈頓飛往紐西蘭南島之基督城。歷時四十分鐘抵達，再乘車南行，經笛卡波湖（Takap Lake），湖旁有一義犬塑像，表彰其救主義行。夜宿湖濱度假勝地鄉村旅社，夜觀南十字星，月光燦爛，清涼如水。

二月八日，目的地爲皇后城，經過可克（Cook）山下，有人乘直昇機遊山頂冰河，巧遇羅秀蘭老師也去觀光。中午至河邊看彈跳表演，但晚了一步，沒有看到。三時抵達皇后城乘纜車登高俯瞰，景色迷人。

二月九日，遊覽米佛峽灣，經提安那湖（TeAnAu Lake），穿過宏摩邃道，冰河峽谷，抵達美不勝收的米佛峽灣，使人有到長江三峽之感，乘船遊峽，至海口時，成群海豚，活躍海面，歷半小時回程上岸，原路返回皇后城。

二月十日由皇后城北上重返基督城。

二月十一日，參觀南極館、市區觀光、鳥類博物館、美術館、花園等。下午由基督城飛往澳洲雪梨轉往墨爾本。午夜二時許才進旅社休息，又是漫長的一天。

二月十二日，上午市區觀光，參觀派翠克大教室，可克古屋及忠烈祠，該祠屋頂陽光直射祠中心地上心形石刻，爲一特色。下午開往菲律浦島看小企鵝返巢。晚上海邊風大，甚冷。八時五十分時看到第一批小企鵝自海上歸來，以後陸續回來，上岸、歸巢，雙方對對，十分奇妙。

二月十三日，由澳洲首都墨爾本飛往香港轉回臺北，結束澳紐之行。

二、紐西蘭

八十四年十月廿六日，陪同錢董事長龍韜隨私教協會人員赴澳洲參加泛太平私校校長會議，下午七時十分搭國泰CX四一〇班機飛往香港，本應即時轉機飛往紐西蘭，但因飛機臨時故障，延期再飛，遂辦臨時簽證進入香港，進入黃金海岸旅社，時已次日凌晨二時半矣。

廿七日，下午三時許登紐西蘭航空N2〇七八〇班機飛往紐西蘭，歷九小時四十五分航程方抵達紐西蘭首都奧克蘭。機上飛行路線圖顯示，飛越菲律賓上空，跨越赤道進入南半球，經過澳洲上空時，爲臺灣時間下午八時三十分，機外夜空，機內乘客多已入睡，高度一一、三〇〇M，距目的地尚有一時四十七分，已飛行七、八〇二公里，全程爲九、〇八五公里。

廿八日上午臺灣時間〇時四十五分降落澳克蘭機場，當地時間爲上午五時四十五分與臺灣時差五小時，共飛了九時三十分，當地幣值一美元一・四三紐幣。出關後本擬觀光，但車故障換胎，耽誤了兩個小時，九時三十分正式上路。

下午至羅吐魯阿參觀螢光洞，因上次已來過，故不覺新奇，然後看剪羊毛表演，五時參觀彩虹泉，那兒有奇異鳥、彩虹魚及紅檜樹等。晚餐時有毛利人歌舞表演。

廿九日，清早離開羅吐魯阿經陶波湖看地熱及地熱發電廠，十時半看好塔瀑布，碧綠的水，波濤洶湧，十分壯觀，鳥語花香，風景宜人。十一時參觀高空彈跳，團員中有一年青小伙子參與彈跳，實一大膽嘗試。七時抵威靈頓晚餐，我國駐紐代表到場歡迎。晚上九時同伙出去逛街，店多關門少有行人，十分冷靜，遂返旅社休息。

卅日，上午參觀一女子中學，由校長親自簡報該校概況，由幼稚園至高中，共五百人，採小班制，一班最多不超過廿五人，然後分組由學生帶我們參觀校區及各項設施，範圍不大，一座主建築亦不過兩層樓而已。十一時吃過茶點即辭別離去。

下午至機場，離開威靈頓飛往奧克蘭，一小時航程即達，三時廿分進大會會場—喜來頓飯店。五時五十分辦理報到。六時大會開幕式，首先由毛利人跳舞揭開序幕，然後由日籍會長講話，酒會場面冷靜，八時陳璽安理事長請中國團員吃粵菜，夜與陳鍾昶校長同住。

卅一日，八時全團去吃廣東粥，九時廿分返旅社，會議已開始，有些失禮。上午先由紐西蘭教育部長講話，接著由澳洲、泰國、香港各代表報告，提前結束。十二時由日本會長在飯店請用午餐，自助式，菜並不豐盛。

下午首先由我國代表陳璽安先生報告，然後茶敘，三時半由馬來西亞、美國代表報告。

四時專題演講—恢復閱讀力。六時至港區乘船遊港區一週，然後在港口晚餐，吃全羊，但淡而無味。九時半提前離開，乘計程車回旅社休息。結束一天會議及活動。

十一月一日，今日仍舉行會議，第一節爲專題演講。

十時同幾位校長去參觀樹人中學的姐妹校，屬專科性質，規模不大。他們準備請吃中飯，但我們幾位婉謝了，仍回大會用餐。下午仍然專題演講，二時綜合討論及閉幕式。四時半同陳校長隨余先生去買紀念品—綿羊油、糖果等。順便去余先生家看了一下，面臨大海，景觀不錯。上下兩層，三房兩廳。七時半趕回飯店，參加大會聚餐及惜別晚會，節目由各國代表提供。巧逢錢董事長生日，大家爲他唱生日快樂，十分精彩有趣。我們唱了兩首歌，十一時半結束，盡歡而散。

二日，會議結束，展開旅遊活動，上午由奧克蘭飛往澳洲雪梨，中午抵達，當地時間爲十時廿五分與紐西蘭差兩小時，與臺灣差三小時。當地幣値一百美元兌一二五・六澳幣。

中午在皇冠海鮮店午餐，錢董事長看到「大蟹」感到不吃可惜，結果四隻索價一千美元，有些坑人，最後由魏照金董事長請客，下午參觀舉世聞名，造型特殊的音樂廳，臨海而建，早已成爲雪梨地標，夜宿雪梨。

三日，上午參觀藍山國家公園，下午開往澳洲首府坎培拉。七時抵達，晚餐即進旅社休息。

澳洲、布里斯班黃金海岸戲水

次日，坎培拉市區觀光，先至人工湖邊照相，九時半在國會廣場與我國駐澳代表會面，交換禮物、合照。

十二時至動物園，參觀水族館、袋鼠、鴕鳥等，並看表演回力標。然後在園內午餐，有牛排、羊排，各自選擇，有位團員吃了一塊肉卡在喉頭，嚥不下也吐不出，十分難過，也很危險，我立即給他一顆胃藥吃，他隨即將卡住喉頭的食物吐了出來，解除危機。

下午由坎培拉飛往墨爾本。五十分鐘便達，遂乘車前往菲島看小企鵝回家，海邊甚冷，八時十分第一批企鵝出現，八時三十分開車回墨爾本，十時五十分抵旅社，結束一日活動。

五日，上午參觀英雄紀念館，庫克船長

紀念小屋，百花盛開的溫室，柏翠克大教堂等。下午參觀飛機修護學校，晚上七時又飛回雪梨，轉機飛往黃金海岸，九時抵達，天雨，當地時間八點（時差一小時），一小時後晚餐，進旅社休息。

六日，上午參觀海洋世界，下午二時離開黃金海岸，前往布里斯班，歷二小時抵達，然後去中國城晚餐，因治安欠佳，逐進旅社休息。

七日，上午十一時由布里斯班機場登機直飛臺北中正機場，飛了八個半小時，於臺灣時間下午六時抵達，七時四十分回家結束了二次紐澳之旅。

三、紐澳行

第十七屆泛太平洋私立學校教育聯合會今年（八十四）十月卅日，在紐西蘭北島之奧克蘭市舉行，筆者隨同錢董事長龍韜先生一併前往與會，此次中華民國代表國一行共四十八人，團長爲陳璽安先生，因事後到，其餘人員十月廿六日由副團長魏照金先生先行率隊前往，飛行九小時於次日晨抵達奧克蘭，隨即乘車前往威吐摩地下岩洞，觀賞世界第八大奇景——脊爍螢、螢火蟲洞及鐘乳石，乘舟泛遊地下湖，下午續往毛利族最大部落——羅吐魯阿，夜宿該處。

十月廿八日參觀彩虹鱒魚莊及紐西蘭國鳥「奇異鳥」並觀賞剪羊毛秀，然後前往紐西蘭第一大湖——陶波湖。

次日參觀氣勢壯闊的湖加瀑布及世界第一大地熱發電廠，沿途欣賞紐西蘭鄉野風光，成群牛羊點綴山頭曠野，十分新鮮，然後至紐西蘭首都威靈頓。

十月卅日由威靈頓飛回奧克蘭的大會辦理報到手續，接著參加開幕式及歡迎會，此次會議由紐西蘭主辦，與會的地區有：泰國、澳洲、香港、中華民國、美國、馬來西亞、韓國、加拿大、印尼、日本及紐西蘭等十一個國家及地區，會期四天。除第一天下午辦理報到舉行開幕式及歡迎會外，第二、三天爲正式會議，分別由各與會代表報告各該國教育制度及實況，並穿插幾場專題演講，令人獲益匪淺，我國代表團由陳璽安團長親自以英語報告並回答有關問題，十分精彩。

十一月一日下午舉行綜合討論及閉幕式，圓滿結束兩天正式會議，夜間舉行國際之夜晚會，分別由各國代表團表演娛樂節目，我國代表團由全體團員合唱梅花、中華民國頌等愛國歌曲，獲得熱烈掌聲，該日適值本校錢董事長生日，消息發布後全場高唱「生日快樂」爲錢董事長祝壽，引起一陣高潮，並有一位泰國女代表向董事長獻花，董事長亦回贈名貴手錶。

會後又順道去澳洲參觀訪問，曾去澳洲第一大城雪梨，並參觀舉世聞名且爲澳洲地標的國家歌劇院，也去了澳洲首都坎培拉，該市乃事先精心設計規畫建設而成的計畫都會，街道方整，綠地處處，確實做到都市鄉村化。由山頂往下望去，有一中央大道跨越葛利芬湖直達國會大廈，十分壯觀，該市有計畫的將各國領事館集中在一起，成爲使館特區，各使館建築各具特色，中國（中共）大使館爲中國古建築宮殿式，金黃色磚瓦，很有中國風味，面積僅次於美國大使館，當我們從牆外走過，心中眞有無限感慨。那天我國駐紐代表亦曾在國會廣場前與代表們會面表示觀迎，並合照留念。

十一月四日下午由坎培拉搭機飛往澳洲第二大都市墨爾本，那兒曾舉辦過世界運動會，我國田徑選手楊傳廣即在該處獲得十項全能銀牌獎。當晚八時在菲利普島，海邊冒著寒風等待觀賞神仙小企鵝歸巢奇景。

這次也去了昆士蘭渡假聖地——黃金海岸。該處沿海沙灘平直細柔，潔淨如洗，綿亙數十里，不少遊人在游水嬉戲，我們禁不住也脫下鞋襪拉起褲腿下去接受一下南大洋的海水浸潤。

黃金海岸近郊有一座海洋世界，規模不小，那兒有海豚表演及滑水表演，還有各項遊樂設施，如火山噴火、小火車、單軌電車、直升機等。

在此活動中曾參觀過兩所學校及一所航空工業訓練中心。

參觀的第一所是位於紐西蘭首都威靈頓的「其爾頓聖詹姆斯學校」（Chilton Saint James school）該校為一中小學女校，校長為丹娜女士，屬於基督教學院，創立於一九一九年，學校規模並不太大，目前有五百餘學童，實行小班制，每班二十人左右，發現有日本學生就讀該校，他們有意與我們結為姐妹學校，也想交換學生，細節要等明年該校校長來台後詳談。

參觀的第二所學校是位於奧克蘭市郊的奧克蘭商學院，由中國人所創立，規模雖不大但環境優美，設有學生宿舍、餐廳、健身房等，該校現有語言學系、商學系、觀光旅遊學系，學程有一——三年不等，高中職畢業可申請就讀。

航空工業訓練中心係與我國桃園之新興工商建教合作學校，由魏照金董事長安排我們去參觀。因適逢假日由該校國際計畫助理總裁負責接待並作簡報，然後參觀工廠，該校範圍不小，正在積極擴建中。

十一月七日，由澳洲布里斯班搭機直飛桃園國際機場，結束了難忘的十三天開會參觀旅遊活動。

旅後觀感：此次活動有以下幾項收穫：加強各國私立學校間之認識與情感，了解泛太平洋各與會國的教育制度概況，與會國之間可加強彼此間的文化交流，實地觀察各國環境與國情及學校的各項設施，而給人印象最深的仍當推紐澳的自然環境，優美整潔以及人民守法的精神，實可作為我們的借鏡與參考。

同時也使人感受「英語」的重要，更可證明本校加強英語教學是十分正確的，希望各位同學努力學習，充實自己，以便將來出國暢通無阻。

伍、美洲

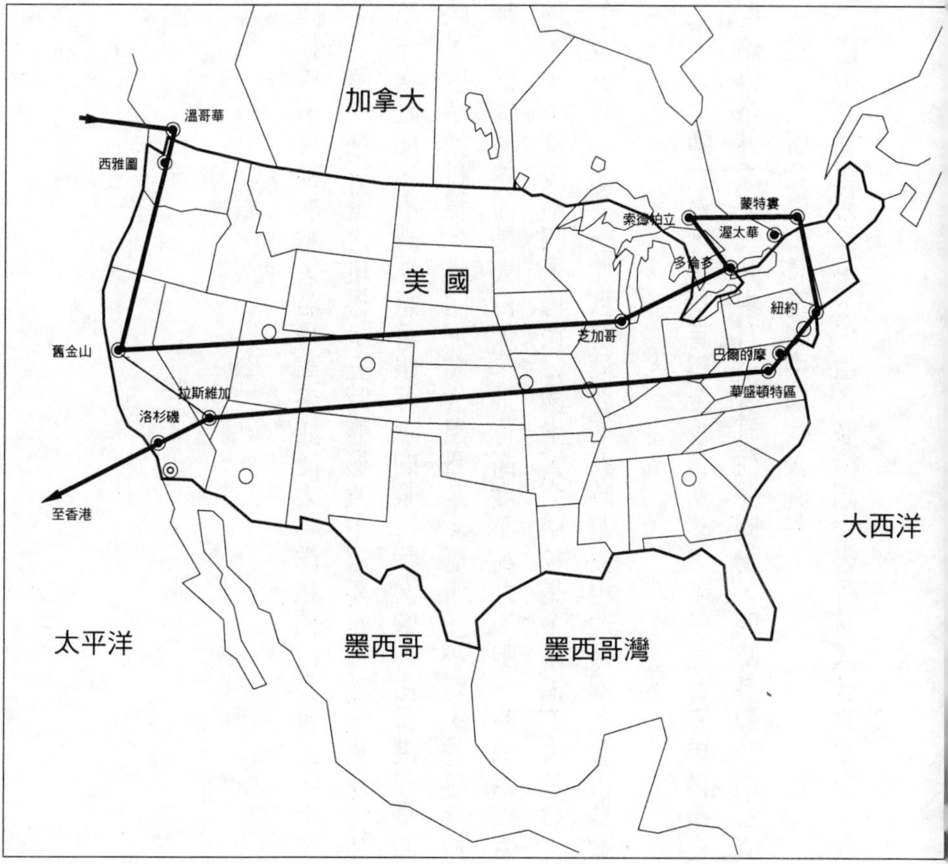
加拿大
溫哥華
西雅圖
美國
蒙特婁
索德伯立
渥太華
多倫多
紐約
芝加哥
舊金山
巴爾的摩
華盛頓特區
拉斯維加
洛杉磯
至香港
大西洋
太平洋
墨西哥
墨西哥灣

一、美國

八十年十月十一日，隨同私校協會赴加拿大溫哥華參加泛太平洋私校校長會議，十二時由中正機場乘國泰航空下午一時飛往香港之班機，五時轉機直飛溫哥華，並未滿座，於是找一靠窗坐位坐下，因係第一次赴加，不時注意著銀幕上的飛行狀況圖，由香港經臺灣上空，沿日本沿海經伯令海峽，度過換日線，轉至加拿大溫哥華，歷十一小時，當經過換日線時，臺灣時間是午夜三時，但機窗外卻是大白天，飛行高度三萬九千呎，時速六二六M／PH，四時三十五分著陸，一小時後出關，巧遇韓國崇實高中校長金昌杰亦去赴會。八時進入旅社，當地時間爲午後三時。七時參加歡迎酒會。九時遊史坦尼公園，登山鳥瞰溫哥華全景。

十二日正式開會，九時三十分全體大會，午餐時與金校長交談，下午大會安排再遊史坦尼公園，彩色楓葉將公園裝飾得格外漂亮，其中有不少原住民圖騰，四時參觀一所私立學校，規模不大，設備不錯。晚上王廣亞理事長宴請中國代表晚餐。

十三日，繼續開會，上午爲兩節專題報告，下午由各參與國報告各該國教育概況，我

裴尚苑（左）王廣亞（中）金董事（右）於加拿大
溫哥華泛太平洋私校校長會議會場合影

主席台上留影

國由強恕鈕廷莊校長報告，晚上由日本會長請客，各國表演節目，我們唱中民國頌及高山青，會中各發一頂牛仔草帽。

十四日上午繼續由各國報告及問題討論，結束前會長宣布下次開會地點在馬來西亞，十一時結束。

下午各國代表分別賦歸或旅遊，我國代表團乘車渡船遊維多利亞島，夜宿島上一小旅社。

十五日上午遊馳名的布恰（Butchart garden）花園，十分精緻，值得一遊。下午回溫哥華轉往美國華盛頓州，駛往西雅圖，參觀華盛頓大學，湖面輪船升降技術。太空針塔六〇五呎高，八時晚餐後進旅社休息。

十六日，風雨甚大，因之改變行程，本擬參觀波音公司，因路遠雨大，改看飛機博物館，部份團員先行返臺。

其餘於十二時搭聯合航空班機由西亞圖飛往舊金山，歷時兩小時。下午再轉機飛往賭城拉斯維加斯（Las Vags）該城位於沙漠地區，但市景繁榮，霓虹燈炫耀奪目，爲一觀光勝地。夜留旅社看歌舞表演，並參觀賭場。

十七日，本擬飛往舊金山：經芝加哥再轉往加拿大多倫多，但因飛機脫班，由航空公司免費招待，供晚餐，且每人發一張三五〇元優待券，夜宿芝加哥凱悅飯店。

十八日，飛抵多倫多，遂前往參觀尼加拉瓜大瀑布，登船觀瀑，水聲隆隆，水花四濺，聲勢驚人，偶有彩虹出現，水鳥飛舞，風景絕佳，嘆爲觀止。歷半小時上岸，又有楓葉片片，令人陶醉。六時遊多倫多市，參觀全世界最高（一八一六呎）之廣播電視塔（CN），夜宿假日旅社。

十九日，清晨與長子文正通話，九時參觀多倫多大學，中午開往渥太華，路途遙遠，車上講笑話解悶。下午四時抵達渥太華，參觀和平塔，塔頂鐘聲每隔十五分鐘一響，正前方廣場中央有一「百年之火」，永不熄滅。五時開往蒙特利，相距一二〇哩，九時夜遊看表演。

廿日，早上與慶堂通話並約好晚上同文玲一齊在紐約旅社會面，上午參觀大教堂及世界奧運體育館，逛蒙特利舊街購紀念品。下午再度進入美國，車上檢查護照，遂進入紐約州，中途在一家大百貨公司午餐，購物，中途塞車令我心急，因與長女文玲約好，唯恐有誤，結果於十時十分終於抵達旅社，看到慶堂、文玲及路得，喜不自勝。

廿一日，清早慶堂便回去了，文玲帶著路得同我們一齊去參觀「自由女神」，中午回紐約在錦江飯店午餐。下午登上帝國大廈一〇二層，鳥瞰四面景色，發現紐約乃一狹長半島，街上黑人很多，街道並不乾淨，不過人來人往，堪稱熱鬧。據說常發生搶案，令人不安。

在紐約參觀了聯合國大廈，逛第五街，進入米西百貨公司，買衣物、絲襪及帽子。晚上吃大龍蝦，一客二十一美元，可惜乏味，夜宿新澤西州。文玲與梁惠萍連絡，約定明天來接她。

廿二日上午飛往華盛頓降落杜勒斯機場，然後參觀國會大廈、白宮。下午看林肯紀念堂、傑佛遜紀念堂、威靈頓公墓，結果迷失方向，在裡面走了兩個小時才摸出來，腿為之酸。

背景為美國國會大廈

廿三日清晨五時起床，開往維吉尼亞州看鐘乳石，歷兩小時車程抵達魯瑞山洞（Lurary Caverns）九時開放，由該處一位小姐導遊解說，規模比不上桂林「蘆笛岩」，但有其特色，半小時後出洞，又乘車返華盛頓，中途吃肯他基炸雞，早餐午餐一併解決。下午由杜勒斯機場飛往洛山磯，六時二十分降落史丹佛機場，遂即轉機飛往洛山磯，九時五十分抵達。晚餐後午夜才得進入旅社休息，度過最長的一日，眞辛苦！

廿四日，上午至百貨公司購物，接著便要搭機返國了。下午一時五十分登機，二時二十五起飛，由洛山磯飛往香港。航程六、六四五哩，中途因氣流不穩，曾發生陣陣擺動，令人心驚。五時三十分降落香港啓德機場，整整飛了十五小時，好累噢！當時香港時間爲下午八時三十分，遂又轉機飛往臺北，十一時降落中正機場，最後搭莊敬中學王顯庭董事長車回家，已午夜一時三十分了，結束了美加之旅。

二、加拿大

第十三屆太平洋私立學校教育聯合會，於八十年十月十一日至十四日在加拿大溫哥華市舉行，我國私教協會組團參加，本人有幸參與盛會，茲將所見略誌如次以供分享。

本屆會議由加拿大主辦，會議主題為「第十三屆泛太平洋私立學校教育聯合會議後各國教育發展」。會議地點在加拿大溫哥華市，與會國家有：中華民國、美國、日本、韓國、菲律賓、澳洲、印尼、紐錫蘭、馬來西亞、加拿大等十國。代表二百餘位，其中我國代表有五十四位之多，人數為各代表國之冠。

會議內容：主要有四次專題演講，其次由各國報告各該國教育概況，綜合討論。另外安排有參觀活動等。

在專題演講方面：由於加拿大主辦單位聘請加籍教授羅賓博士主講「何謂才智」？柯爾席教授主講「加拿大之教育制度」，道格拉斯博士主講「加拿大教育與太平洋邊線大學所扮演的角色」。以及彼得博士主講「學生心理健康」等，都有精闢見解，獲益良多。

在各國報告中，馬來西亞代表曾提出建議，希望此一組織更能發揮積極作用，如賑災救濟等，因印度代表報告時曾播放印度火山爆發時之錄影帶，希望大家能伸出援手救濟災民，當時各國代表曾有熱烈反應。

在參觀方面：會議期間，我們實際上只參觀一所加拿大私立學校，規模並不大，但環境很好，設備不錯，發現他們的班級學生很少，大都在二、三十人左右。他們非常注重學生作業展示，另外我們參觀了史坦利公園，吊橋等。會議結束前夕，由泛太平洋私校聯合會會長晚宴招待，並由各國代表表演歌舞同樂惜別，我國代表團合唱「中華民國頌」、「高山青」，博得不少掌聲，會中決定下次會議在馬來西亞舉行，此次會議於十一月十四日下午圓滿閉幕。

旅遊記勝

會議結束，展開旅遊活動，先到離溫哥華不遠的維多利亞島上遊覽布恰花園，園內萬花集錦、草木翠綠、美不勝收，然後乘車到美國西部西雅圖，在該市參觀了華盛頓大學，華盛頓湖畔的船梯、太空針塔（高六〇五呎），波音航空公司展覽館等。

十月十六日由西雅圖乘機經舊金山轉飛世界聞名的賭城——拉斯維加斯，該城四週全爲沙漠地帶，草木不生，城內卻因吸引大批世界各地觀光客及賭徒而顯得十分繁華，次日，本預定經舊金山轉飛加拿大多倫多，但因飛機誤點脫班，結果改變行程飛到芝加哥住宿一夜，隔天才抵達加拿大多倫多。在那兒暢遊世界大瀑布，傍晚並登上世界最高的廣播電視塔（高一八一六呎），並參觀了多倫多大學。接著乘遊覽車前往加國首都渥太華，參觀國會大廈，和平紀念塔，旋即駛往加東大城蒙特婁，在那兒看到奧林匹克運動場特殊建築及諾丹大教堂。

十月廿日下午離開加拿大再度進入美國，車行七小時於晚上八時許才進入世界第一大城紐約，次日，參觀自由女神，遊覽市區名勝，如洛克斐勒廣場、百老滙、華爾街、聯合國大廈等。並登上帝國大廈一〇二層，俯瞰紐約市，四周風光，盡收眼底。

十月廿二日抵達美國首都華盛頓，參觀了國會大廈、白宮、華盛頓紀念碑、林肯紀念堂、傑佛遜紀念堂、硫磺島紀念碑、越南陣亡將士紀念碑、威靈頓公墓等，風塵樸樸度過辛苦的一天。次日一大早驅車前往維吉尼亞州參觀深入地下號稱北美最大的魯瑞鍾乳石洞，不過我看還不如我國廣西桂林之蘆笛岩壯觀。

美東旅程結束後，於十月廿三日下午由華盛頓杜勒斯機場乘聯合航空公司班機，再跨越美國大陸經史坦佛機場飛往美西第一大城——洛杉機，休息一夜，次日便乘國泰班機，再經國際換日線，直飛香港轉回台北，兩週的開會及旅遊就此圓滿結束。

會後觀感

此次開會及旅遊爲時兩週，飛越半個地球，橫跨美國大陸兩次，遊覽美、加國，共訪十三個主要城市坐了不少次飛機，住了十餘家旅社，除前三天同住一家旅社外，以後每天換一家旅社，眞所謂走馬看花。不過美、加兩地爲余初次前往，故一切仍感到新奇，也難免有些感觸。

首先使我印象深刻的是，美、加兩國都是幅員廣大，人口稀少，風景幽美，尤其加拿大秋天的楓葉，實在令人著迷，到處五彩繽紛，將世界妝扮得十分瑰麗，難怪加拿大要以楓葉爲國旗標幟，的確是他們的特色。

其次是他們的公共設施完善，並且維護得很好，我想這與國民公德心及守法精神有關。也可以說與國民教育有關、與此相關連的還有他們的交通秩序，也讓人讚賞，每個司機都非常守秩序，絕不爭先恐後，而且很守本分，不但車子保養得十分整潔，服裝也很整齊，對客人很有禮貌。斑馬線行人有絕對優先權。令人羨慕。

再來是外國治安良好，家家都沒有鐵門鐵窗，甚至商店打烊後僅關上玻璃窗而已，裡面珍珠寶物一目了然，但卻毫無顧忌，不怕偷搶。

旅遊途中深感學習英語的重要，因到處文字標示全是英文，與人溝通要靠英語，機上宣布事件是用英語，吃飯點菜要用英語，可說時時刻刻離不了英語，所以奉勸同學要把握機會學好英語，將來週遊世界將暢通無阻，不然你將成爲一個耳聰目明的「聾啞人」。

最後要說的是一連幾天的西餐，全是生冷食物，讓人消受不了。所以每到一處，儘可能大家還是希望享用中餐，中國人的飲食文化，風味多彩，非外人可比。

古人說：「行萬里路勝讀萬卷書」，的確不錯。此次美、加之行，爲時雖僅兩週，但所見，收獲頗豐，只因篇幅所限，無法詳述，希望以後同學們亦能有機會前往，親身體驗，以增廣見聞。

陸、歐洲

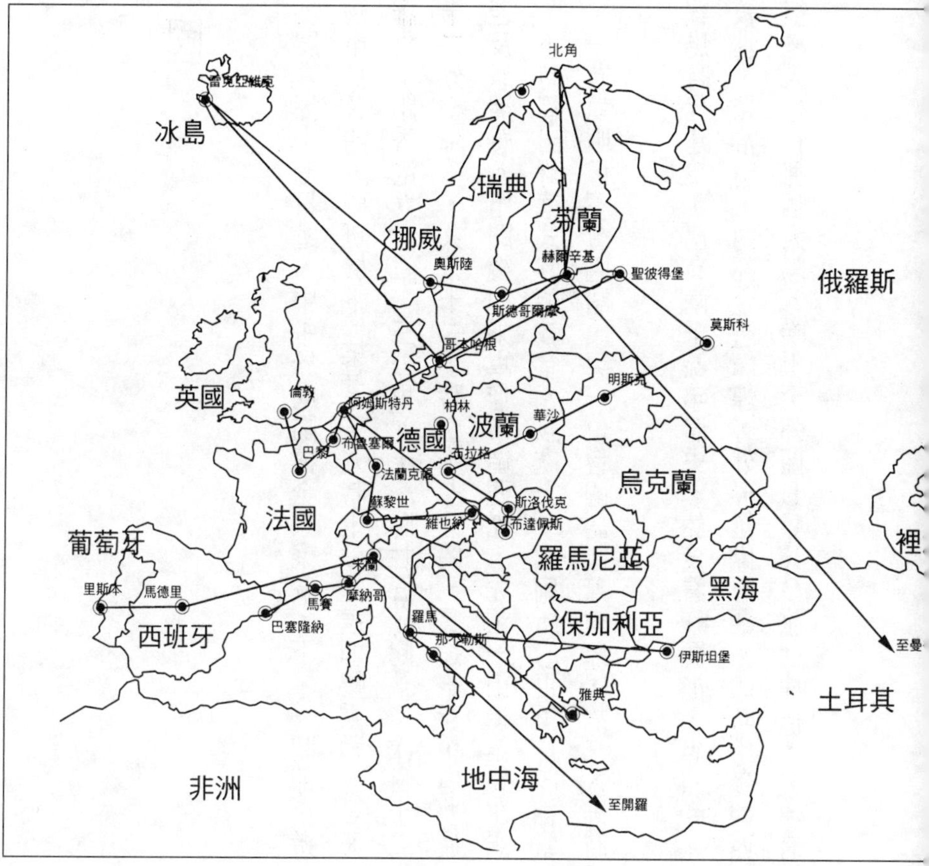
北角
雷克亞維克
冰島
瑞典
芬蘭
挪威
奧斯陸
赫爾辛基
聖彼得堡
俄羅斯
斯德哥爾摩
莫斯科
哥本哈根
明斯克
英國
倫敦
阿姆斯特丹
柏林
華沙
波蘭
布魯塞爾
德國
巴黎
布拉格
法蘭克福
烏克蘭
斯洛伐克
蘇黎世
維也納
布達佩斯
法國
葡萄牙
羅馬尼亞
米蘭
里斯本
馬德里
馬賽
摩納哥
黑海
巴塞隆納
羅馬
保加利亞
西班牙
那不勒斯
伊斯坦堡
至曼
雅典
土耳其
地中海
非洲
至開羅
裡

一、歐洲九國

八十六年五月十七日，展開歐洲十七日遊，中午於向陽樓全家聚餐，下午三時即搭遊覽車赴中正機場，七時半搭國泰CX四五一班機飛往香港，九時十分抵達即轉乘國泰CX二九三班機飛往義大利首都羅馬，距香港九、三一三公里。十一時廿五分起飛。次日十二時十二分（當地時間爲六時十二分）降落，共飛十二小時四十七分鐘，長途飛行，有些疲累，幸好飛行平穩，並無痛苦及恐懼感。出關後即乘車作市區觀光，先至一山頂俯視羅馬全景，只見一簇簇古老建築，不時冒出哥德式圓頂教堂。該處上一次廁所二百里拉，相當臺幣四元。當時有兩位導遊，一有執照但不會國語，另一位會國語卻無執照，故二人同時隨行。

十時至萬神廟，據說爲羅馬時代建築，已有兩千餘年歷史，然後看許願池、忠烈寺。下午參觀競技場、聖彼得大教堂、梵帝岡，內部金碧輝煌，外形雄偉壯觀。四時半參觀西班牙廣場，半圓形階梯式，很多人坐在那晒太陽。晚上至郊區EURO旅社住宿，發現有洗屁股設施。

五月十九日，前往義大利南部參觀龐貝古城，該城爲數千年前被火山岩漿淹沒，現已發掘，發現當時有相當完善的規劃，且範圍不小。

下午四時車行至距蘇蓮多有一段距離的半山腰靠海灣的旅社住宿，上下沿山而建，房間安排及編號很奇怪，使人搞不清，有如進入迷宮，當地八時半天才黑。

廿日，清早五時起身，帶著早餐及行囊，爬山步行數百公尺上車，半小時後至蘇蓮多碼頭，乘汽船向卡布里島航行，廿分鐘後改乘中型船，可容四十人，又半小時航程後再改乘小船，僅容五人，且需躺下，方可進入「藍洞」，洞口狹小，進入後豁然擴大，水色湛藍，猶如一大游泳池，船於其中轉了一圈即出，若遇大浪則無法進入，出洞後乘中船至碼頭，改乘專設小汽車上山，逛百貨公司、午餐。

下午一時半下山，乘大船至卡布里島，再轉至拿波里，又乘專車回羅馬。

廿一日，參觀舉世聞名的比薩斜塔，大家爭相照相留念。四時至佛羅倫斯，上山頂參觀米開朗基羅廣場及其雕像，下山後看百花聖母大教堂，「天堂之門」等景點。

廿二日，由佛羅倫斯前往威尼斯，途經山路，大霧濛朧，中午抵達，上船遊水都─威尼斯，經一「三千八百公尺」之跨海大橋。據說威尼斯係由一一八個小島所組成，每天有兩三萬名觀光客蒞臨，交通以船爲主，有公共汽船，載送旅客，二時許參觀水晶工廠。

廿三日，由威尼斯經南斯拉夫至奧地利首都維也納。清晨出發，至南斯拉夫午餐，有沙拉、雞排、麵包、冰淇淋等，口味鮮美，吃得很飽。二時進入鐘乳石洞，乘十分鐘小火車，然後步行，有專人導遊解說，範圍比盧笛岩大，三時半出洞，遂向維也納進發，進入奧地利經一隧道長七、八六四公尺，十一時半才進入旅社休息。

廿四日，先在維也納市區觀光，參觀哈布朗宮及其後花園、歌劇院、貝爾維第宮及市政廳等。下午前往莎茲堡，經日月湖（Moodsee）又稱夢湖。六時半參觀里拉貝樂花園，晚飯後至莫札特出生處看了一下，晚上與瑞士小姐馬瑞他連絡。

廿五日，由莎茲堡經茵斯布魯克至瑞士盧森。十一時至茵斯布克看奧運滑雪場，中午看金頂屋，然後在中國城午餐，量少味差，最糟的一餐。下午前往瑞士，經過一十五・七公里的山洞，六時至盧森，八時半在佛林根（FUERIGEN）旅社與馬瑞他等六人會面。飯後去其姐姐的學校參觀，以後又至馬瑞他家坐了一會。十時由馬瑞他開車送我同淑玉回旅社，十一時抵達，她回程還得開一小時，讓我們感動。

廿六日，穿上禦寒衣，因今天要登上三、〇二〇公尺高之鐵力士山。九時先乘四人坐的纜車上山，中途改乘大纜車，最後又乘旋轉纜車爬至山頂，一片雪白，據說終年不化，風大甚冷，因高山缺氧，頭有些暈，大家在山頂雪地照相後即乘纜車下山。下午進入德國境內至黑森林區，參觀咕咕鐘製作過程，然後在波提湖邊賞景，翠苑酒家晚餐，夜宿林間旅社，家具全爲木製，頗具特色。

廿七日，由夫來堡經海德堡至科隆。

十一時至海德堡，參觀古堡，看到世界最大酒桶，經過海德堡大學，王子電影拍攝場。下午經過梅因慈，沿途盡是葡萄園，萊茵河畔有很多古堡。二時在河畔吃胖媽媽的德國豬腳，一隻大豬腳配米飯，沙拉，但無飲料，三時許上船遊萊茵河，來回約一小時，欣賞兩岸風光，然後上車開往科隆。

廿八日，由德國進入荷蘭，至阿姆斯特丹。

九時半進入荷蘭，不必檢查，荷蘭境內處處見牛群，可見他們的畜牧業十分發達。十一時抵達阿姆斯特丹，首先參觀木鞋製作過程，大家買小木鞋作紀念，旅行團絡繹不絕，當時氣溫攝氏十三度。午飯後市區觀光，參觀住宅區，治安好，無小偷，住宅一坪合十三萬元臺幣，每年有五十億元花卉收入，五月廿三日為鬱金香花季，自行車很普遍，有專用道，平均三人一條牛。一時參觀乳酪工廠，然後看大風車，櫥窗女郎，房屋正面狹窄，據說可節省房屋稅，這些都是荷蘭特色。二時上遊艇遊運河，兩邊有水上人家。四時參觀切割鑽石工廠，晚餐後參觀「紅燈區」。

廿九日，自阿姆斯特丹經比利時首都布魯塞爾至法國首都巴黎。

清早出發，車多擁擠，九時進入比利時，無關卡。十時參觀原子結構模型，車間亦見街上有「櫥窗女郎」，然後看「小童溺尿」，市政府。

比利時首都布魯塞爾公園內的原子結構模型

午飯後向巴黎前進，一路平坦，全是農田。一時半至滑鐵盧，看拿破崙紀念館，有一金字塔型墓丘，頂端有一獅子銅像。二時廿分進入法國，經戴高樂機場旁進入市區。晚餐後再至戴高樂機場附近一家旅社（Quality Hotel）住宿。晚上九時與昔日好友張梓陵女士連絡，並約定明晚十時她來旅社會面。

卅日，巴黎市區觀光，十時至凱旋門前，由一女導遊解說，據說該門建於一八一六年，經過香舍里榔大道，兩旁布滿咖啡座，到達協和廣場，總統府，再去參觀聖母院、艾菲爾鐵塔、拿破崙墓。下午進入羅浮宮，其中藝品琳瑯滿目，價值連城，遊客如織，走馬看花巡視一遍，於三時半出來，六時乘船遊賽納河，導遊收每人廿美元，但看船票僅四十法朗，顯然被他坑了。九時返旅社準備等候張梓陵來。

十時張梓陵女士由其長公子王宇歐駕車準時到達，於是我們在大廳咖啡座坐談，互訴離情，數十年不見，現能相聚，實屬難得，當初分別時她還是未出閣的小姐，如今再見面已各自兒女成群，且均已是祖父母級的輩分，怎能不令人慨嘆時光催人老。十一時送他們離去，了卻我與友人相會的心願。

卅一日，由巴黎乘歐洲之星海底火車至英國首都倫敦。九時先至巴黎拉法耶百貨公司，參觀、採購，但價格昂貴，大家都在其對面幾家店裡購物，中午至龐畢度中心廣場參觀，那兒有不少攤販，又有人利用機會購物。

三時至火車站，各自攜帶行李乘「歐洲之星」火車，通關抽查行李，我被抽到延誤片刻。四時四十五分火車進入海底隧道，廿分鐘後即出海，進入英境，陸上遍地牧草，羊群處處，六時一刻抵倫敦站，時鐘比巴黎慢一小時，與臺北差七小時。週六下午，倫敦人群擁擠，晚餐後進入旅社，房間很小，幾乎放不下皮箱，但有燒水壺，於是泡了一杯咖啡喝。

六月一日，遊完倫敦便回臺北。

八時半市區觀光，黑人司機、女性導遊，車經海德公園旁，據說面積甚大，然後至飛鳥廣場，鴿子群集，昨天下午的人群已不復見，九時至西敏寺，只在外面看看，經過大笨鐘下至太晤士河邊，購「小衛士」，只見對岸教堂高聳。十時參觀倫敦塔，古堡，該處珍藏英國皇家珠寶，古物。十一時半至白金漢宮前看衛兵交接，旅客太多，看不清楚。二時又至海德公園，看到有人在演講，吸引不少人圍觀。三時參觀大英博物館，出來時有人迷失，大家緊張一番，幸好未幾便找到了，不致延誤飛機班次，五時半至機場報到，六時廿分登上國泰CX二五〇班機飛往香港，螢幕顯示航程九、六五六公里。七時起飛，一路平穩，七時降落香港，飛了十二小時，香港時間爲下午二時，遂即轉機飛回臺北，到家已八點多了，圓滿結束十七日的「歐洲之旅」。

二、東歐五國

民國八十七年（一九九八）六月廿三日，隨團赴東歐旅遊，下午三時同淑玉自家出發，帶著行李箱冒著大雨至羅斯福路對面大考中心前搭專車赴中正機場。由全洲旅行社老闆娘曾靜芳女士帶隊，先至機場地下餐廳，每人吃一碗魚丸麵當晚餐，然後搭荷航KL八七八號班機飛往泰國曼谷，晚上十一時抵達（當地時間爲下午十時）一小時後又乘原機飛往荷蘭阿姆斯特丹，十二時四十分起飛，機上螢幕顯示，飛行時間十時四十四分，預定當地五時三十六分到達，在機上過夜。

六月廿四日，昨晚在機上度過，荷蘭時間上午五時二十分降落阿姆斯特丹史基浦機場，與臺灣時差六小時，共飛行十時四十分鐘，當地氣溫十六度，一美元可兌一·九五荷幣。十一時轉乘小型KL一三九五班機飛往蘇俄聖彼得堡。下午一時五十分到達，飛了二時三十分，與臺灣時差四小時，四時許出機場，由當地導遊史考達隨車以生硬國語解說，當時楊樹花絮空中飛舞，猶如雪花飄揚，（當時幣值一美元兌六·〇三盧布），先帶我們進入波羅的海大旅社，七時去上海飯店晚餐，九時回旅社休息，天仍然很亮，據說有「夜不暗」

現象。

六月廿五日，清早四時三十分起來，天仍然很亮，於是同淑玉至旅社附近散步、照相。旅社建築雄偉，氣魄非凡，樓高十餘層，爲附近最高建築，瀕臨波羅的海，景色優美。

上午本應市區觀光，但車行至業瓦河邊卻故障了。導遊將我們一行帶至一家紀念品店，消磨時間，等待換車，直到十一時半，仍無車來，於是改乘電車去上海飯店午餐，一上午就這樣泡湯了。飯店設備差，吃不好，卻有女郎唱歌助興，賺取小費。下午換車去夏宮參觀，該處保存俄國歷代帝王文物，牆壁多以渡金花紋裝飾，顯得金碧輝煌。六時回聖彼得堡，吃俄羅斯式晚餐，場地狹小，菜不豐盛，亦有歌女獻唱，所謂「俄羅史餐」原來如此，令人失望。

六月廿六日，清早仍至海邊散步，見一當地人準備以充氣帆布小汽船下海捕魚。旅社西式早餐尙稱豐盛。

上午補行市區觀光，看到蔣經國先生當年就讀的空軍學校，日俄戰爭時擄獲的戰艦停在業瓦河邊，供人參觀，中午又在上海飯店用餐，已吃厭了。

下午參觀亞歷山大紀念柱及冬宮，並逛該市最大一家百貨公司，爲一四方形雙層建築，繞一圈需半個小時。晚上十時登機飛往蘇俄首都莫斯科，飛機老舊，座椅拉不直，飛機安檢耽誤了一個小時，十一時四十分起飛，歷一小時降落莫斯科，至旅社已午夜兩點多了，

裴尙苑與顏淑玉於披薩斜塔前

裴尙苑與顏淑玉於瑞士旅社與當地友人合影

法國巴黎羅浮宮前留影

顏淑玉（左）與張梓陵（右）於巴黎

克里母林宮內巨砲前留影

荷蘭大風車前

度過最辛苦的一天。

六月廿七日，凌晨二時許才進入烏克蘭旅社。上午晚起，十時三十分出發參觀傲視古今的克林姆林宮，其中有幾座教堂，洋蔥型金頂伸入空中，爲克宮特有標誌，廣場置巨砲一尊，大鐘一口，口缺一塊，有其傳說故事。接著看列寧陵寢，紅場廣場，聖巴索大教堂。下午參觀天鵝湖。晚上欣賞馬戲團表演，節目精彩，有高空飛人、馬背傳火、美女繩舞、小丑逗笑，都很有趣。

六月廿八日，上午至莫斯科大學前廣場，迎面高聳一座尖頂雄偉建築，爲俄國八座百年建築之一，該處地勢較高可鳥瞰莫斯科全景。廣場上有小販賣紀念品，以三美元購一只五鳥啄食玩具。十時搭乘有「地下宮殿」之稱的地下鐵，深入地下百多公尺，電動梯近乎九十度上下，參觀了幾個車站，均以馬賽克拼成壁畫，各具特色，十分壯觀。

晚上乘機飛往波蘭首都－華沙。十一時抵達，當時大雨，行李淋濕。十一時三十分進人旅社，當地時間九時三十分與臺灣相差六小時。

六月廿九日，清早漫步街頭，看華沙比莫斯科繁榮進步，充分證明民主勝於專制。上午市區觀光，至蕭邦公園，園中有一尊蕭邦塑像，位於池旁，池邊遍植玫瑰，花色艷麗、樹木茂盛，且有孔雀漫步其間。步至另一池畔，見青年男女擁吻，久久不分，據導遊說此爲當地常見現象，不足爲奇。貫穿華沙市內河流爲維斯瓦河，河畔有美人魚銅像，被搬去維修，空留基座，河邊有不少人在繪畫、賣畫，頗富藝術氣息。下午離華沙南行，赴波蘭第二大城—克拉科，爲聯合國評鑑爲十二座世界最美麗城市之一。

六月卅日，上午驅車前往維耶利奇卡（WIEKICZKA）參觀岩鹽採掘場。沿木梯盤旋而下，深入地下六四公尺，腿爲之酸，洞中有塑像一尊，紀念採礦英雄，供人攝影留念，相機攜入需付費五元，穿越一般彎彎曲曲的水平鹽洞，繼續下降數十公尺，最後有一大廳，面積比籃球場還大，設有遊客服務站，販賣紀念品及鹽包，然後乘電梯上來。

下午參觀二次世界大戰時，德軍囚禁猶太人之奧斯維生（OSWIECIM）集中營，範圍甚廣，一排排數百棟木造平房，四週鐵絲網圍繞，有鐵路通達其中，專供運囚之用。另一處爲勞動營，爲磚造兩層斜頂建築，原爲波蘭軍營，現爲博物館，展示德軍屠殺猶太人之罪行，藉高速人體焚化爐，摧殘、殺害四五〇萬無辜猶太人，看到以死後猶太人毛髮織成的衣物，黑牢和死亡壁（槍斃人的場所）。最後並看到德國納粹摧殘猶太人的紀錄片，其中有集體活埋猶太人的鏡頭，令人毛骨悚然。

七月一日，上午前往有中世紀寶石之稱的捷克首都—布拉格，沿途平原曠野，盡是田園風光。中午通過波捷邊境關卡時，檢查護照，延誤兩個小時，致下午三時方進午餐。進入捷克境內，沿途不少工廠，可見捷克工業發達，農作物亦很茂盛，大片向日葵，黃色花朶，引人注目，抵達布拉格時，天色已暗，晚餐後即進入旅社休息。

七月二日，全日布拉格市區觀光，該城位於波西米亞中心地帶，爲歐洲最古老都市之一，市中心各式建築聳立，素有「建築博物館之都」的美譽。上午參觀古堡、皇宮，跨越伏我塔瓦河，橋兩旁有十五尊姿勢不同的聖像，經過黃金小徑，商店林立，到處可見羅馬及巴洛可式建築。下午參觀查理士橋，長數百公尺，兩旁有賣畫及紀念品的。然後又至舊城區廣場，亦盡是賣藝品的小商店。四時看教堂頂層使徒報時，將窗門推開，人像轉動，旅客爭相拍照。以後又參觀猶太人居住區，皆法國式五層樓房，看來比較富有。

七月三日，上午開往捷克另一大城—布爾諾（BRNO），沿途田園風光盡收眼底，一片平坦，未見山丘，十時半抵達。

下午前往號稱世界著名極具觀光價值的地下鐘乳石洞。下遊覽車後先坐一段小火車至洞口，步行進入洞穴，其中氣溫較低，經看過後發現該鐘乳石洞規模並不大，也沒有什麼奇特，經過一段路程，改乘小船沿洞中河道前進出洞。

七月四日，上午驅車開往斯洛伐克的中世紀古都—布拉提斯拉瓦。九時抵達邊境，順利辦完通關手續，十時即進入布拉提斯拉瓦，由當地一位年長導遊先帶至一座山頂，鳥瞰市區全景，山頂有一座紀念柱，甚高，爲紀念蘇聯協助他們而建，然後參觀古堡，展示他們的文化遺產，四月四日廣場、市政府、大主教宅邸、法蘭西教堂。

下午開往匈牙利首都—布達佩斯，經過斯洛伐克發現多爲丘陵地帶，比較貧困。二時至斯匈邊境，兌換美金十元得二、〇三五匈幣。五時半抵布達佩斯，感覺比斯洛伐克繁榮。

七月五日，布達佩斯市區觀光，布達佩斯係由兩市組合而成，布達多山，佩斯平坦，多工廠，多瑙河貫穿兩市之間，由多座跨河橋所聯繫。上午先至英雄廣場，一端有一孤形建築，樹立歷代帝王塑像，姿態威武，氣宇昂然，有不少小販兜售衣物，然後去參觀古堡，其中建築皆爲各名建築物之縮影—仿製品。該處河邊風景甚美。接著去參觀史蒂文大教堂，正値作禮拜，不克進入禮堂，但由旁邊電梯升至屋頂，鳥瞰市區全景。下午參觀故皇宮、漁夫堡，濱臨河畔，連續七座，形成特殊景觀。晚上享用匈牙利風味餐，先上一碗美味牛肉湯、麵包、主菜爲一大盤豬腳，配葡萄美酒，相當不錯，同時有民俗歌舞表演，最後由遊客上台共舞，引起高潮。

七月六日，上午登上克雷多山頂，那兒有一座紀念碑，紀念一位倡導宗教自由的傳教士，豎立山頂，目標顯明，遠望猶如御風欲飛之自由女神。十時登遊艇遊多瑙河，穿梭無數名橋，繞瑪嘉烈島一週，兩岸風光，如詩如畫。下船後參觀當地菜市，整齊美觀，很現代化。

下午開往機場，要搭機返國了。四時三十分登機，隨即起飛，六時二十分降落荷蘭阿姆斯特機場，七時轉機，因空調故障，延誤兩小時，九時起飛，飛行十時三十分抵泰國曼谷，長途飛行，尙稱平穩但仍無法入睡。凌晨二時（臺灣時間爲七月七日上午八時）機窗外天空泛白，當時正飛越印度上空，機上供泡麵吃，當時臺灣時間為中午十二時。一時二十分降落曼谷，當地時間十二時二十分，立即轉機，仍為原機、原位。二時三十分起飛，五時四十五分降落桃園中正機場，回到家已晚上八點多了，平安圓滿地結束了十五日的東歐之旅。

三、北歐五國遊

旅遊國別：芬蘭、丹麥、冰島、挪威、瑞典。

日期：民國八十九（二〇〇〇）年，七月十六日至七月卅日。

七月十六日，清早仍照常去運動、打拳。下午三時半由文德開車送淑玉及找到對面銘傳國小前，搭乘由旅行社提供的遊覽車赴中正機場。中途大雨，五時十分抵達，雨也停了。俟團員到齊後，托運行李，連同東森旅行社的領隊共二十二人，包含政大薄教授夫婦，景興國中兩位老師等。

七時登上長榮BR六一飛往曼谷班機，半小時後起飛，銀幕顯示台北距曼谷二五三六公里，八時機上供餐，十時半降落於曼谷國際機場，飛了三小時。當地與台灣時差負一小時。

十一時辦轉機手續，乘芬蘭航空AY九八班機，飛往芬蘭首都赫爾新基。

七月十七日，凌晨一時於曼谷機場登機，一點二十五起飛，機上無毛毯供應，腿感到冷。二時機上供餐，全是冷的生魚肉。

七時看機外朝霞光耀，東方橙紅一片，西方一輪明月高懸天際，難得一見天象奇觀。八時太陽出現。

九點半供應早餐｜蛋、洋芋。十時五十分降落芬蘭首都｜赫爾斯基，飛了九個半小時。

十二點十分當地時間七點十分，時差負五小時。隨即轉機飛往丹麥首都｜哥本哈根。

十二點十分登上AY六六一班機，一時起飛。二點二十五分降落哥本哈根國際機場，三時出關，當地時間上午九時。由一位地陪周先生，大陸人，大學教授，帶我們去參觀哈姆雷特城堡，菲特烈古堡。晚餐時參觀蒂弗利（Tlevoll）遊園，該園由一家啤酒廠支援經營，有各種遊樂設施及餐飲服務，規模不小，佔地廣闊。

七月十八日，清早五時起床，六時在旅社利用信用卡打電話給台北土城翠娟四姐，只聽得友瑞在哭，據說他大便會痛，同時同伴陳愛涼女士也打電話給她在台北的女兒。

六時半早餐，有麵包、蛋、牛奶、咖啡等，十分簡單。八時半逛街，宋、莊、陳同行。九時半參觀市政廳，徒步區，兩邊全是商店，十二時在廣東街中餐館午餐。

下午參觀啤酒廠，請每人喝一杯啤酒。四時遊皇宮，有一農神噴泉，美人魚，但無水。六時於新亞餐廳用中式晚餐。

七時至機場，通關後，登上F一二一二冰島航空班機，八時起飛，飛往冰島。九時機上供餐，生冷食物，吃不下。

十一時降落於冰島機場，風大很冷，氣溫八度C，天很亮，太陽尚未落，奇特景象，出關時有人行李不見了。

冰島時間十一時抵旅社，與台灣時差負八小時，領隊收明日遊冰川費用及小費，二人七三六美元，五十美元換得三，四二五冰島幣。

七月十九日，自由活動，本預定去格陵蘭島，但因未訂到機票而作罷，改以自費（每人二五〇美元）去遊冰川。

清早六時起床，太陽昇起，換禦寒衣。七時早餐，冷麵包、冷漬魚、無蔬菜、水果。九時出發，車行兩小時中途於一瀑布前休息，大家拍照留念。十二時午餐，仍爲魚排，飯后繼續前進，山道崎嶇，沿途只有草地，未見樹木。下午二時抵達冰川，該處有一服務站，兩位工作人員，指導大家換上特製禦寒套裝，每人一輛雪上摩托車，經教練簡單說明與示範，全團廿餘人，二人一組，共乘一輛摩托車，在雪地上奔馳。因我平時不騎摩托車，起初有些膽怯，但實際騎起來並不如想像那麼困難，結果出乎意料的玩得很愉快，實在是一次難得的經驗。

四時離開冰川，沿原路而返，七時晚餐，西式套餐。九時與同伴在旅社附近散步，天還很亮，參觀溫室育花房。九時半太陽始下山，我們也回旅社休息。

二十日，天雨，氣溫七度C，七時出發參觀火山口，積水成湖，由專業女導遊解說，

冰島間隙噴泉

冰島冰河上飈摩托車

安徽小姐，廿餘歲，嫁給冰島人。據說冰島位於大西洋與北極海之間，爲高地島國，面積一〇·三萬平方公里，人口約二十七萬人，首都雷克雅維克，多火山及冰河地形，居民以捕魚爲生，年所得二萬四千美元。九時冒雨參觀兩階大瀑布，只能在台地遠望，拍照而已。然後去看地熱間隙噴泉，約十分鐘水柱噴向高空一次，高可數百公尺，聲勢驚人，水花四濺，蔚爲奇觀，附近有一商店，大家又去逛店購物，淑玉買了一件毛背心，輕而暖。

十一時參觀原國會故址，經一次大地震，地層扭曲斷裂，形成絕壁、溝壑，特殊景觀，十二時參觀美、蘇高峰會議地點，爲一兩層白色樓房，只在外面看看而已。

十二時半參觀一座大教堂後即去午餐。

下午赴機場，五時搭機飛往挪威，六點三十分機上供餐，七點四十分降落挪威首都—奧斯陸，出關後看當地時間已十點二十五分。

廿一日上午九時於奧斯陸市政廳前廣場與導遊何小姐會合，她來自中國北京，然後帶我們市區觀光，並介紹挪威，位於斯堪的那維亞半島西側，國土南北狹長，多高山冰河，海岸曲折多峽灣，面積約三二·三萬方公里，首都奧斯陸，水力、漁產、海運鼎盛，人口約四五〇萬，國民所得三·七萬美元，奧斯陸人口五十萬，產石油。

我們參觀了維京海盜船博物館，維格蘭人生雕刻公園，園內滿布石雕人像包括一九二尊石雕，六五〇尊人像，由出生、成長、終老。栩栩如生，令人印象深刻。

挪威　維格蘭雕塑公園爲世界最大
花崗岩雕塑藝術品公園
集合　古斯塔夫・維格蘭（1869-1943）的
192 尊石雕及 650 尊人像石雕

下午離開奧陸前往郊區，參觀奧運滑雪台。七時抵山頂，夜宿木屋旅社。

美麗的峽灣

廿二日五時起床，六時早餐，七時出發。十二時抵達峽灣碼頭。只見兩岸山巒高聳，不時有白色瀑布自懸岸垂下，海鷗在空中盤旋。

午餐后登上遊輪，順峽灣—蓋倫格緩緩前進，沿途高峰夾道，瀑布時垂，海鳥隨船縈繞，爭食遊客擲出的麵包，十分有趣，爭相撲捉精彩鏡頭，令人印象深刻，二時下船。

四時前往冰河參觀，三人共乘一台馬車，沿山路蜿蜒而上，中途捨馬車步行爬山繼續穿越叢林前進，約廿分鐘後抵達冰河前端。約斯特達宏恩冰河，形成於二五〇〇年前，面積四八〇平方公里，深四〇〇公尺，爲歐洲大陸著名冰河之一，大家在冰河上拍照留影後，沿原路折返。六時半乘車下山，夜宿羅恩 QUA LITY 旅社。

廿三日，九時乘渡輪遊覽世界最長的峽灣—蘇格納峽灣，長一八〇公里，平均深度爲六〇〇公尺。沿途兩岸皆山，高低起伏，倒影水中，景色優美，十一時半下船午餐。

下午一點三十分搭觀景火車，沿山道爬升，中途遇景點即停，讓遊客觀賞拍照，途中穿越一長邃道於旁邊鑿洞，讓人觀賞山中大瀑布，令人難忘，二點三十分抵達山頂車站，換乘一般火車開往挪威另一大城市—伯根，一小時後抵達，換乘汽車至旅社—QUA LITY。

瑞典首都—斯德哥爾摩

廿四日上午由挪威伯根飛往瑞典首都—斯德哥爾摩，十二時半起飛，飛了一小時四十分抵達，出機場時又發現有四人行李不見了，大家都認爲芬蘭航空太差勁了。

瑞典位於「斯堪的那維亞半島」東側，面積約四四．九萬平方公里，人口約八百四十九．八萬（一九八九），首都斯德哥爾摩，爲北歐面積最大，人口最多，人民生活最富裕的國家，多河湖及森林，盛產鐵礦、造船、汽車、機械、鋼鐵、軍火等工業頗負盛名。

下午三時至橡園樓午餐，口味不錯，生意興隆，老闆爲台灣人，女主人爲韓國人，爲

美麗的峽灣

人熱誠，他曾帶我們了解環境，坐地鐵、去超市，指點我們去逛NK百貨公司，規模不小。

斯得哥爾摩，爲瑞典首都，由十四個島嶼所組成，位於瑞典東南部，濱波羅的海爲瑞典第一大城，也是文化、商業、交通中心。

廿五日上午由一位宋姓男導遊，大陸武漢人，帶我市區觀光，先參觀皇宮，乘定時交通船前往，然後至市政廳參觀，該處爲諾貝爾獎頒獎及宴客處，爲兩層古典建築，樓上大廳爲頒獎處，樓下及中庭宴客。

中午又至橡園樓午餐。二時半參觀大船博物館，船體眞大，木製，以人力划槳爲動力，據說由於設計不當，開航一千公尺即沉沒，三百年后打撈起來，建館放置供人參觀。

詩麗亞 SILA 號油輪

下午四時搭乘巨輪詩麗亞號，開往芬蘭首都赫爾辛基，我同淑玉住十樓七〇六室，其中有兩個床位，衛浴齊全，床頭有窗可觀海景，比遊三峽時所乘油輪豪華很多，船上有超市、餐廳、酒吧、遊樂設施、舞池、三溫暖浴室等，嫣然一座水上城市。五時開航，風平浪靜，沒有感覺。八時晚餐，自助式，好多家，各式各樣任君選用。

芬蘭瑞典時差一小時，撥快一小時，九時逛超市，買糖果，十時半就寢，船繼續前進。

次日清早六時起身，看窗外白茫茫一片，船仍在海上航行。七時在船上餐廳早餐，西式自助。九時半下船，抵達芬蘭首都—赫爾辛基。

芬蘭

芬蘭位於北歐，爲蒙古人後裔，面積約三十三・八萬方公里，人口約四九六萬（一九八九），首都赫爾辛基，海岸曲折多良港，冰蝕湖，冰磧湖密布，有「千湖國」之稱。氣候冷濕。森林工業爲經濟基礎。

赫爾辛基，爲芬蘭首都，第一大港及工業中心，位於芬蘭灣北岸。十一時至機場，要飛往北極圈內的伊瓦洛城。十一時半起飛，歷一個半小時降落伊瓦洛機場。

午餐後，下午二時許乘車開往北角。

北角、看日不落奇景

「北角」爲觀賞日不落奇景最佳據點，位於挪威北部，由芬蘭去需通過兩國邊境，車行三小時，通過一海底邃道，長六 KM。至一旅社，晚餐時已十點鐘，仍爲生冷魚類，不合胃口。飯后十一時乘車繼續開往北角，到達後發現遊客甚多，數十部遊覽車排列曠野，天色說亮不亮，說暗不暗，即北極特有景像，該處唯一一棟建築，爲資料中心，供人了解

作者夫婦手持北角觀日不落奇景證書

「日不落」景像，先以多媒體介紹，然後實地觀賞太陽慢慢落下由海面又升起所形成一條孤線，但由於當時海上雲霧甚厚，無法看到，十分遺憾，無奈只好買一張由專家照好的照片，回家慢慢欣賞，遊客都懷著失望的心情紛紛乘車而返了，雖值午夜，天還很亮，就是看不到太陽。

重回芬蘭看聖誕老人

廿七日五時半起床，整理行李，然後在旅社附近散步，山谷間，平原上，有一排小木屋，也有不少帳蓬，供遊人住宿，我們以其作背景照相留念。七時出行李，然後早餐，仍以各類漬魚爲主。八時出發，專車離北角，開往芬蘭拉普蘭區—聖誕老人村。

九時半中途休息，上廁所後紛紛至路邊店

鋪參觀購物，有一位同件沉迷於店鋪中，忘記上車時間，導遊亦疏於上車清點人數，致車行半小時後，才接到有人打電話到車上說「有人未上車」，遂立即折返去帶人，來回浪費不少時間。

十二時中途休息，午餐，位於小山頂，濱臨海灣，下有碼頭，風景絕佳，一時半繼續前進，三個小時車程後通關進入芬蘭境內，時鐘撥快一小時。八時抵達中途旅社，附近雜草叢生，蚊子很多，晚餐後有人去洗溫泉（SPA）。

次日清早，七時四十分出發，一個小時後抵達伊納湖畔，乘船遊湖一小時。十一時參觀坦卡瓦拉金礦及其博物館，其中陳列些冶金器具及該礦發展歷史背景等，約四十分鐘離去。四時抵達拉普蘭首府—羅凡尼米。此地爲聖誕老人故鄉，現爲一主要觀光景點，由一位裝扮成聖誕婆的老女士導遊，帶領我們參觀聖誕老人村，地上繪有北極圈標誌，北緯六十六度半，大家爭相跨線照相留念。以後又分別與聖誕老人合照，芬幣六十九元，相當台幣三百元，買一立拍得照片，爲聖誕老人一大收入，聖誕老人身體魁梧，年紀不小，每日定時與觀光客合照。另外參觀聖誕老人生活館，親自扮演聖誕老人，分送禮品，在紀念品店中可購買明信片或賀卡，蓋上該處紀念戳寄給家人或朋友。另外每人可拿到一張北極圈證書。

七月廿九日上午，四時即起床，五時出發赴羅凡尼米機場，六點十五分起飛，飛往芬

聖經老人村內北緯66°32'3S"線

蘭首都—赫爾辛基。六點四十五分機上供咖啡、麵包，七點十五分降落赫爾辛基。出關後乘車市區觀光，首先至國會大廈廣場與導遊會合，女性導遊，北京人，留學生。原來有一位團圓護照找不到了，此時將行李全攤開，終於又找到了，讓大家鬆了一口氣。

芬蘭土地面積三三八平方公里，人口約五百萬，曾被瑞典統治六五〇年，被蘇聯統治一一〇年。

九時半逛港邊市場，多爲衣服及紀念品。十時半參觀東正教教堂，一幢古老建築。

午餐後，參觀岩石教堂，教堂全由岩石砌成，僅一層而已，適逢有一對年青情侶舉行婚禮，我們也沾到一些喜氣。

下午一時參觀音樂家西貝留斯紀念公園，有塑像及樂器模型，然後又去參觀磁器銷售部。

六時晚餐，七時赴機場，十一時五十分起飛，經曼谷返回台北，於七月卅日晚結束十五日的北歐五國之旅。

四、南歐：西班牙、葡萄牙

民國九十一（二〇〇二）年，三月廿九日，起程赴西班牙及葡萄牙作五日四夜的自助旅行。

下午一時用完午餐，淑玉及我各背一個背包，由文正開車，帶著全家都去送我們至米蘭馬奔沙機場。到達後由於停車不便，他們立即回家。淑玉同我至西班牙航空公司櫃台前報到，搭十五點三十分航班飛往西班牙首都馬德里。機位滿座，中途供餐，十七點四十分抵達。馬德里巴拉哈士國際機場，出機場後叫排班計程車載我們去市中心，約十二公里，因係初來，事先並未預訂旅社，遂在圓環廣場附近找旅社，問了好幾家，最後決定在廣場邊一家NH四星級旅社住下，房間臨街，可俯視圓環全景，宿資含早餐一四四美元。

晚上至圓環廣場散步，圓環中心有噴泉，另一邊有人造瀑布，吸引不少遊人，當前爲馬德里最寬最長的一條道路，兩邊高樓大廈燈火輝煌，商店林立，熱鬧非凡，發現有市區觀光巴士，準備明日搭乘，且附近有去機場的直達公車，可不必搭計程車，有利自助旅行者。公車票二點四歐元，計程車需十七歐元。

三月卅日，星期六，晴，十五度—二十八度

清早八時同淑玉在圓環大道上散步，同時想找早點吃，但門都關著，遍找不著，不得已只好回旅社餐廳用餐，西式自助，菜色豐盛，麵包西點、牛奶、咖啡，應有盡有。九時搭乘市區觀光BUS。有三條路線，分別至北、南、西各處，票價三線二人共十一歐元，市區並無什麼特別景點，不需下車，只是在街道上繞，一個上午三線都坐過了，可說對馬德里已有概略認識。

馬德里（Madrid）爲西班牙首都，爲該國鐵、公路、金融和文化中心，位於海拔六七〇公尺的內陸高原上，居全國中央，有機械、汽車和飛機製造業。

中午在圓環附近午餐，吃麵包、水果。然後乘公車前往機場，二時到達，隨即至西班牙航空公司櫃台報到。

四時搭乘西班牙航空公司班機飛往葡萄牙首都利斯本，班機未滿座，中途亦供餐，五點二十分抵達，利斯本爲我初次前往，下機後摸不清東西南北，出機場後叫計程車載我們去IBIS旅社，司機懂英語，好溝通，車資十五歐元。六時半進入旅社，找好房間即休息。十點半起來洗澡，然後再睡。

葡萄牙位于伊比利半島西端，面積九二〇八二平方公里。

利斯本（LISBON）位于太加斯河（TEJO）的三角洲上，葡國海岸中間，人口約九十

古堡貝倫堡前留影

七萬，與台灣時差負八小時。

三月卅一日，星期日，晴，十五度—二十八度

清早六時天尚未亮，外出在旅社附近散步，認識環境，七時在旅社早餐，西式自助，比較簡單。

九時步行廿分鐘至一圓環，乘市區觀光巴士，遊覽重要景點，每人車資十三歐元。首先至海邊參觀一古堡—貝倫塔臨太加斯河畔，因假日內部不開放，只有在外邊看看，照相留念，另一站仍在海邊，爲發現者紀念館，爲帆船形，高五十三公尺，一九六〇年爲紀念航海王子恩立克（Henriqve）逝世五〇〇週年而建，建築形式特殊，兩邊浮雕航海勇士，啓航模樣，主樓高聳，遊客可乘電梯至頂樓，鳥瞰利斯本全景，地面廣場繪有一全球航海圖，顯示發現者號到達該處年次、日期，不少遊客在該處觀光。

中午於附近卡爾摩修道院公園休息、午餐，然後參觀修道院（現改爲考古博物館）及其中文物展覽。

下午遊覽皇家公園，旁邊有一大片綠植造型圖案，引人注目，園內有不少希臘時期雕塑，有些已遭破壞，斷手斷腳，令人惋惜。

晚上去街上吃麥當勞漢堡，然後逛自由大道，爲利斯本一條主要道路，發現利斯本有些蕭條，臨大街好多破舊房屋，無人居住，且門窗均以磚頭封閉，街上行人零落，沒有馬德里熱鬧繁榮。

四月一日，星期一，晴。

清早六時半出門活動，早餐後乘地鐵去參觀世博館舊址，一九八八年世界貿易博覽會曾在此舉行，主體館前一排參展國國旗仍在飄揚，目前海洋館還在開放，售票供遊客參觀，我們也排隊購票進入參觀，成人票九歐元，老人票五元，那兒也有纜車，沿海岸而設，由展覽場一端可達另一端，可俯視展覽全場，地面也有小火車，繞一圈可遍覽各館，我們均購票各搭乘一遍嘗試新鮮。

捷運車站連接一大賣場，其中有超市，各式餐飲店，我們在一家由中東人經營的自助餐館用餐，花樣繁多，我們選了沙拉、炒麵、啤酒等，稱重量計價，兩人吃不到廿歐元。

下午四時又乘捷運回市區進旅社，走了一天，有些累，隨即休息。

四月二日，星期二，陰。

今日爲旅遊最後一天，早餐後乘公車作市區觀光，先乘四四路南行至海邊，改乘四五路北行經自由大道至機場附近，八時半去，回來已十點了，遂回旅社休息。

十一時卅分退房，離開旅社，在附近車站搭乘去機場公車，半小時後抵達，進入機場消磨一下午，然後乘十七點〇五分西班牙航空公司班機飛往馬德里。時鐘撥快一小時，轉乘二〇點十分班機飛往義大利北部米蘭，兩小時後抵達米蘭「利拉弟」機場。文正開車帶翠娟、友瑞、友義來機場迎接。回到家已快午夜十二點了。順利完成五天四夜的兩牙自助之旅，信心倍增遂興起遊希臘的念頭。

西班牙巴塞隆拉（BARCELONA）

民國九十一年（二〇〇二）二月九日，當時住在義大利米蘭，利用連續假期經法國南部前往西班牙名城巴塞隆那（BARCELONA）旅遊。巴塞隆那為西班牙第二大都會，三面丘陵，一面臨地中海，人口一八〇萬，僅次於首都馬德里，曾爲阿拉岡王國首都，十四、十五世紀時，盛極一時。

當天六時起床整理行裝，準備食物。七時一切準備妥當，由文正開車帶全家六口向「遮那亞」方向進發。

十二時抵達「塔瓦老」（TAVANO）參觀岩洞，門票成人九歐元，老人七歐元，四人三十二歐元。然後由專人帶領我們進入洞穴，導遊解說，當時別無其他遊客，岩洞規模並不算大，沒有什麼特別，歷時七〇分鐘出洞，在洞口攝影留念。

中午以自己帶去的雞腿、滷蛋充饑。然後繼續前進，下午三時經過法國南部「尼斯」（NICE），以爲該市有嘉年華會，但經繞了一圈並未發現任何特殊活動，權當作一小時市區觀光。四時上高速公路繼續前進，一路穿山越嶺，欣賞風景。五時半抵達馬賽，再過去一個小鎮—AIX IN PCE，時天已暗，夜宿 ibis 連鎖旅社，晚餐在旅社內餐廳享用。

二月十日星期日，清晨六時起床，由安全門出去，但忘記安全門「只能出，不能進」，差一點被困在後院裡，以後脫困出來在停車場空曠處運動。七時在旅社早餐，西式自助式。

九時出發，至艾克斯（AIX）市區觀光，先至旅遊中心索取資料，路旁也有電子顯示市區觀光地圖，一按按鈕便顯示旅社、飯店，主要觀光景點，我們由市中心噴泉開始，漫步，在林蔭大道上，兩邊商店大多未開門，星期天多不營業，行人也稀稀落落，以後去傳統市場買水果、麵包店買長條法國麵包，中午以麵包、水果裹腹。

十二時半去參觀藝術大師名畫家塞尙畫室，但已關門，只在外面拍照留念，該畫室爲古老磚造兩層建築，位於斜坡上，公路旁，面積不大，但前面有一果園，範圍不小。

下午向亞唯農（AEVGNO）前進，二時半抵達，有古城牆，城內停車困難，一位難求，四時參觀前教皇皇宮，在曠場上巧遇中國國民黨主席連戰夫婦一行，國外相逢顯得格外親切，遂與其合照留念。他們來法國度假，以後又去附近看一古蹟—古斷橋。

五時半繼續向尼米斯（NIMES）前進，晚上住該處IBIS旅社，就在高速公路旁，因下錯邊，找了好久才找到。

晚上到市區用餐，因人地生疏，不知那兒有餐廳，更不知那一家口味好，找了好久，結果隨便找了一家義大利飯館進去，吃義大利麵套餐，味道還不錯。

塔瓦老岩洞出口留影

巧遇連戰夫婦合影

古老偉大的水利工程—水道橋

回程時，迷路了，找不到旅社，結果由加油站一位好心中年人士駕車引導我們回來，時已十點多了，很累！

二月十一日，星期一，晴，五度—十五度

清早六時起床，在旅社前活動，打太極拳。八時早餐，九時半出發，至尼米斯（NIMES）市區觀光，先至一公園，但無兒童遊樂設施，坐了一會兒，然後去參觀目前保持最完整的一座圓形競技場，門票每人四歐元。進去登臨察看，坐位完整，中心橢圓形廣場，鋪著紅色細砂，現仍可作大型歌舞表演或鬥牛之用，門口張貼著大幅鬥牛海報，但時間不對我們無緣欣賞。

十二時參觀希臘神廟，廟爲長方形，前有石階，四週聳立圓形大石柱，特別顯得雄偉壯觀，亦爲其最大特色。

中午至附近郊區參觀偉大而古老的水利工程—水道橋。最上一爲飲用水渠道，中層爲引水灌溉河道，下爲一般自然河流，工程特殊，現爲一觀光景點，該處有工程建構說明展示及餐飲服務。

下午三時向西班牙名城—巴塞隆拉前進，相距四〇六公里，中途休息時遇到一家人台灣去的自助旅行，相談甚歡。晚上七點抵達巴市，巴塞隆拉爲西班牙第一大港，第二大城，最大工業中心及棉毛紡織業中心，位於西班牙東北岸，有鐵公路北通法國，爲交通樞紐。

今天恰爲中國農曆年除夕，找了一家中餐館—大西洋酒家，吃年夜飯，席間兩個小孫孫—友瑞、友義向我們拜年，於是給他們一人一個紅包當壓歲錢，並相互恭賀新禧。

晚上仍找尹比斯 IBIS 旅社，又遇好心人士帶我們去。進入旅社已十時許。

二月十二日在巴塞隆拉乘市區觀光巴士，可隨上隨下，遊覽市區，兩天票價每人十八歐元，分紅、藍兩線，以不同路各繞市區一圈，遍及市區各主要景點，中途下車參觀，可搭下班車至另一景點，十分方便，車上有導遊小姐以英語解說，我們先搭紅線，十一時繞至哥德式四尖塔聖家族大教堂下車參觀，該教堂一二六二年動工，耗時百年完成，十七、十八世紀重修，融入巴洛克式古典主義，南邊保羅門是羅馬式，北邊使徒門爲哥德式，正門立面爲巴洛克式爲十八世紀初加建，現代整修由高登設計，尙在施工中，遊客甚多周圍有公園、花木、座椅，供人休憩，我們到附近店舖買快餐吃。

下午又至一山坡上惠埃公園下車遊覽，亦爲高登設計。親眼看到一中年婦女相機被搶，雖有數名警察巡邏仍無濟於事，公園內有兒童遊樂設施，溜滑梯等，許多小朋友在玩，友瑞加入他們中間一起玩。

晚上由人介紹在當地一家有名的海鮮店用餐，的確口味不錯。

二月十三日，晴，五度—十五度上午仍然在巴塞隆拉市區觀光，十一時半參觀動物園，門票成人十歐元，老人票五點八歐元，其中有猴子、老虎、大象、白猩猩，但友瑞喜歡坐搖搖車。中午在公園內草地上野餐。

下午搭乘藍線市區觀光車，參觀另一半景點，到海港旁世運大樓下車，在世運村北京烤鴨店前遇到台灣去的觀光團，相互問候，下一站參觀一座大教堂，時已五點，然後自己開車去看世運主體運動場，鐵柵門關著只在外面看看，六時半至世運大樓，本想吃中餐，但北京烤鴨尚未開店，於是至樓下吃西班牙餐，有麵、魚、花枝等，花了三十七・七歐元，晚上八時找旅社，又迷路，天已黑，不好找，經詢問後才找到，比想像的遠得多。

二月十四日，星期四，雨，七度—十四度

清早五時半起床，天尚未亮，一人下樓，至旅社附近認識環境，然後空曠處活動、打拳。

巴塞隆拉地標—聖家族教堂

巴塞隆拉歡渡中國農曆（90）除夕

十時四十分退房離開旅社，向回程方向前進，先經巴塞隆拉，然後上高速公路向法國尼米斯（NIMES）方向前進，在西班牙境內經山區天降大雨，視線不良，車速緩慢，進入法國境內，地勢平坦，雨亦停止。

中途經一小鎮，找到一處公園，其中有兒童遊樂設施—溜滑梯、木馬、鞦韆等，於是進去休息、午餐，並陪友瑞、友義玩，他倆玩得很高興，我們也分享快樂。

下午二時半，繼續前進，夜宿距馬賽數十公里處一個小鎮—阿內里斯（ARLES）仍住IBIS旅社，這家比較老舊，沒有電梯，要爬三樓，沿途住過許多IBIS連鎖旅社，就算這間最差，其他都還令人滿意。因爲它們都有停車場，交通方便，餐廳、電梯、衛生及安全防護等必要設施，如電視、電話等一應具全，且價格公道，所以我們每到一處，首選IBIS爲住宿地點。

晚上至附近一家大賣場吃自助餐，有雞、麵、沙拉等，九時回旅社休息。

二月十五日，陰，五度—十五度

今日上午十時出發，先在市區觀光，參觀一座圓形競技場，未進去，只在外面繞一圈，外觀尚稱完整，但比「尼姆」（NIME）的要差一些。看完後繼續向「馬賽」前進，相距八十六公里，邊走邊欣賞路邊風景。十二時抵達，繞市區找餐廳，結果找到港邊一家道地的法國餐館，點了四份道地的法國套餐，有前菜—海鮮米飯，並供應法國麵包、紅酒，主菜有牛排、魚、雞串，最後甜點—蘋果派、冰淇淋。吃到下午三時才結束，經濟實惠（八歐元一份）。

接著市區觀光，多為單行道，行車不便，僅參觀世界影展及港口幾個景點，逛店鋪時，淑玉及我各買一雙休閒皮鞋。

晚上仍住距馬賽不遠的一家IBIS旅社。兩間相鄰，家庭式的，宿費兩間一〇九・〇八歐元。

二月十六日，天下小雨，在旅社前打拳活動。

十時許出發，向坎城前進，相距一六八公里，十二時抵達，然後推嬰兒車帶小孩逛坎城碼頭，看到各式遊艇，遠眺岸邊幾處景點，經過原影展場地前，天空仍飄著細雨。

中午在碼頭旁一家法國餐廳用餐，生意興隆，座無虛席，我們點義大利麵、魚，並供應麵包，吃得很飽。

二時四十分由坎城向回程—義大利米蘭前進，經尼斯（NICE）天氣轉晴，經過亞那山區時，濃霧瀰漫，視線不良，中途加油，休息，六時半返抵米蘭，結束為期八日七夜的西班牙名城巴塞隆納之旅。

希臘雅典

希臘位於巴爾幹半島南端，由破碎的半島和無數小島組成，面積約十三萬餘平方公里，人口約一千餘萬，首都雅典，西洋文明發源地，航運、觀光業發達。

雅典，建於西元前八百年左右的希臘城邦之一，實行民主政治，善於航海經商，並發展出以城市爲主體的文化，現爲希臘首都，爲該國最大城市、鐵路、航空樞紐、經濟、藝術中心，也是巴爾幹半島上最優美的都市、紡織、冶金、葡萄釀製、化學及造船業頗盛。此次得有機會前往一遊甚感興奮。

民國九十一年（二〇〇二）四月廿五日上午九時，淑玉同我各背一個背包向米蘭中央火車出發。九點五十分搭巴士前往馬奔沙機場，乘義大利航空公司班機飛往希臘首都雅典。

下午二點二十分準時起飛，三點三十機上供餐，飛機客滿，一路飛行平穩，四點四十降落雅典國際機場，時鐘撥快一小時，在飛機上認識一位熟悉雅典的米蘭人，下機後他告訴我如何搭巴士至市中心，於是我們依他的指示坐九五路公車直抵市區中心國會大廈前廣場，車站對面有一家四星級旅社，夜宿費含早餐一〇〇歐元，因交通方便，房間設施齊全，於是我們決定住下了，行李安置好後，出去找地方晚餐，在國會大廈廣場對面，公園旁有一排飲食店，我們買夾餅吃，然後逛徒步區，兩邊商店燈火通明，貨色琳琅滿目，使人有繁榮的感受。

十時回旅社休息。

四月廿六日、星期五，晴，十五度—二十二度

上午參加由飯店聯合舉辦的雅典半日遊，費用每人四十三歐元。九時自旅社前乘遊覽車出發，同車卅餘人，有一女導遊，以英語解說，但希臘口音很重，有些聽不懂，幸好同車有三位由台灣去的女留學生，交換意見，不過她們也無法全懂。

第一站先看一座殘餘希臘神廟遺址，範圍不小，目前僅餘數株高大石雕圓柱，供人想像它原來的宏偉壯觀。

第二站參觀首次舉辦世界奧運會場，爲一橢圓型場地，中有跑道，正面爲進出正門，其餘三邊圍以階梯式坐台，保持相當完整，曾供作多次奧運場地，二〇〇四年奧運仍將在此舉行。

然後經國會大廈、國家圖書館、大學區等處，最後至一山頂參觀一座規模最大，保持最完整的希臘神殿，爲迎接即將來臨的奧運，現仍在繼續修復中。登臨山頂可全覽雅典全景，令人心曠神怡。下午一時送回旅社，結束雅典半日遊。

下午休息，然後出去逛街，晚餐—吃牛排、鮮蝦麵。

四月廿七日，晴，二十二度—二十五度

今日參加愛琴海中的三島一日遊，清早七點三十分乘遊覽車至佛利斯襪斯（FLISVOS）港口，搭遊輪遊三島。今日天氣晴和，風平浪靜，航行順暢。十時抵達第一個小島—阿依幾那（AEGINA）下船上岸自由活動，淑玉及我乘馬車逛街，店鋪大都出售紀念品及當地土產—花生等，也有不少餐飲及咖啡館，最後我們在路旁一家咖啡館喝咖啡休息。

十二時上船向第二島前進，同時船上供應午餐，有沙拉、麵包，主菜為雞肉飯、蛋糕。茶二元，紅酒一瓶十二元均需付費。飯后上到甲板上晒太陽，賞景、聊天，當時認識一對德籍夫婦，他先生曾在軍中服務，會講英語。另外又認識兩位日本人，他們曾多次來台經商。下午一點二十分抵達第二島—波努氏（POROS），此島面積較小，僅一座山，居民依山而居，房舍狹小，以售紀念品維生，山頂有一鐘樓，為唯一景點，路小坡陡，上下困難，但大家仍然上去觀賞海景。

下午二時又上船向最後一個島嶼哈達拉（HYDRA）前進，三點四十分抵達、上岸，有許多馬伕在碼頭招攬乘客，於是同淑玉各騎一匹由馬伕牽引在村間小巷繞了一圈，此島面積較大，有海軍駐守，店鋪較多，很多金飾珠寶店。

五時上船回程，直駛雅典，天氣亦然晴朗，清風徐徐吹拂，海鷗臨空翱翔，一片祥和景像，與人聊天結識異國新友，或欣賞海上風光，落日彩霞，使人開懷。

五點四十分抵達港口，下船後，成百輛遊覽車在路邊一字排列，場面十分壯觀，各自迎接遊客回旅社，度過充實愉快的一天，遊資二人一五〇歐元。

四月廿八日，期日，陰，十五度—二十二度

今日是遊希臘雅典最後一日，實際只有半天，沒有什麼特別節目，於是同淑玉乘公車至阿米尼（omin）圓環，為雅典主要圓環之一，說很熱鬧，但到那兒一看，圓環正在施工整修中，附近商店尚未開門，一則為時尚早，再則可能週日休市。於是我們徒步走另一條路，經過魚市，今日休業，在附近一家雜糧店買開心果、花生米，然後再左轉直走，前面叉路口有一間古老教堂，由教堂右轉直走，就是國會大廈前的徒步街，再前就是憲法公園，那兒有水池、噴泉、樹木、花草、座椅，許多人在那兒照相、休憩。我們也在那兒休息一會，又去國會大廈前看衛兵交接表演，衛身兵著古典式服裝，手持長槍，戴八角型帽子，造型特殊，吸引路人注足圍觀、拍照。

十時許回旅社退房，然後至對面車站搭九五路巴士直達雅典機場，一時通關至登機門候機，結果延誤一小時，三點二十分才起飛，五點三十五分降落義大利米蘭，馬奔沙機場，時鐘撥慢一小時，五點三十分乘大巴士至米蘭火車站，因距家很近，走路回家，六點三十分到家，文正他們已自羅馬回來了。

土耳其之旅

土耳其位於亞洲之小亞細亞與歐洲之巴爾幹半島之間，橫跨歐亞兩洲，北濱黑海，南臨地中海，西隔愛琴海與希臘相望，東接敘利亞、伊拉克、伊朗及外高加索，面積七十六萬二千八百餘平方公里（歐洲部分佔二萬四千方公里），人口約六千二百五十四萬餘人，爲古帝制國，一九二三年由凱末爾將軍領導革命成功，推翻帝制，建立現代之土耳其共和國。

民國九十二年（二〇〇三）六月赴羅馬前即計畫就近前往土耳其一遊。原準備採自助方式，只遊伊士坦堡及安卡拉兩大城市，但以後由文德在台與山富旅行社聯繫洽談，決定加入其土耳其團前往。如此以來比自助前往要方便多了。

十月三日，星期五下午四時淑玉同我由羅馬住所出發，乘火車至機場，搭八點三十分義大利航空班機，飛往土耳其名城伊士坦堡，八點五十分起飛，一路順風，飛行平穩，九點四十分機上供餐，一小時後降落伊士坦堡機場。出關後，有旅社人員招攬生意，遂借用其手機與山富旅行社駐外人員吳考特（UKURT）連絡，時已午夜，幸好得到回應說「馬上來機場迎接」，如此才放心，不然，就準備在機場大廳過夜。廿分鐘後看到一位年約卅左右外籍男士迎面而來，經詢問證實爲吳先生，遂由其駕車帶我們至市區中心一家三星級旅社住宿，宿費四〇美元，時已次日凌晨一點半，時鐘撥快一小時（土義時差）。

十月四日，晴，二十三度C

清早六時由當地導遊至旅社以計程車帶我們至機場，等台灣團來與他們會合。出發前最耽心的是怕與他們接不上頭，現在一點顧慮也沒有了。

上午十時台灣團出關，由陳琴瑛小姐領隊，共十餘人且多爲年輕小姐，僅兩位年齡稍長，其他多爲上班族。經簡單介紹後隨即加入他們團隊，共同乘遊覽車展開觀光。沿達旦尼爾海岸前進，只見道路兩旁時而爲農田，時而爲住宅，一一馳過，遠望可看到海，十二時至一小鎮休息，上廁所需付費每人二五〇萬里拉，導遊請喝當地出產的蘋果酒，酸酸、甜甜，有蘋果味道。然後繼續前進。

下午二時半抵達達旦尼爾海峽旁的古老港口—嘉那卡利港（CANAKKALE），此港因地處要衝，遂成爲軍事重地，一次世界大戰時，土耳其戰士於此戰役中英勇殉難，故此港口的歷史意義非比尋常。

我們於此港口一家餐廳享用土耳其海鮮套餐，四時登渡輪，橫渡歐亞交會海峽，對岸爲亞洲區。半小時即達，下船乘車前往古詩人「荷馬」筆下所記載的木馬屠城記的發生地—特洛伊城（TRUVA）遺址。因該城建於二六〇〇BC年代久遠，屢毀屢建，城牆累積九層之多，均在原址，逐次向外擴張，由現場遺留殘缺城牆，道路及展示圖說中均可看出端倪，在附近廣場矗立一匹巨型木馬仿古模型，最引人矚目，馬高約廿餘米，中空，馬腹兩邊留有窗戶，腹下有梯，可攀登其中瞭望，不禁「木馬屠城記」的愛情故事又浮現腦海中，令人回味無窮。

七時參觀完畢，向夜宿地艾伐利克前進，九時廿分中途經警察攔檢，罰款放行，十分鐘後抵達飯店，晚餐。

十月五日（星期日）晴，二十八度C

今日清早八時半出發，展開第二天旅程，乘專車沿愛琴海岸南下，沿途有農田、有山坡，也有海岸及港口。

九時四十分至白加孟（BERGAMA）參觀古白加孟王國，位於小山頂，有古城牆、神殿、市集及聞名遐邇的圖書館。白加孟獨立王國歷經三代國王。自西元前一九七至一二九年，創造了世界第二大圖書館（僅次於埃及亞歷山大港圖書館），此處曾藏書廿萬册，除圖書館遺址外尚有皇宮，宙斯神壇遺址，其建築、雕刻，皆爲人類文化瑰寶。

十一時廿分下山，山下停車場旁有一排賣紀念品攤販，向遊客兜售。

中午至一家莊園式兄弟飯店吃土耳其自助餐，餐桌上擺著中華民國國旗，大家拍照留念。

飯後繼續前行，二時經土耳其第一大城—伊茲米爾（IZMER）舊名士麥那，為一主要港口，外控愛琴海，內有鐵路通各地，港灣深邃，設備完善，為小亞細亞第一夏港，凡小亞細亞各種物產之輸出，與商貨之輸入，無不集中於此。現有人口約四百萬，岸邊高樓群集，一直延伸至半山坡。三時半抵達最具觀光價值的地方—以弗所（EFES）。該城是於西元前十一世紀由愛奧尼亞人所建立的都市，但於十五世紀以後從歷史上消失，直到十九世紀後半被發掘出來，重現人世。現可看到的有精美石雕，曼米爾斯紀念碑（MONUMENT OF MEMNIUS），露天劇院、浴場，浴場中有一排坐式馬桶，遊客中有許多人坐上去試一試，十分有趣，另有頗具規模的市集、圖書館、神殿以及大理石路。

五時半前往參觀大地之母神殿遺址，現僅存一支獨立圓形巨大石柱，頂端現在有一只大鳥巢，並有鳥兒盤旋棲息。

六時半進入海邊渡假聖地庫沙達西（KUSADASI）的（PINO BAY MARINA）旅社，四星級，有游泳池，晚餐後同伴於池畔觀海灣夜景，聊天。

十月六日，星期一，晴，二十七度

上午八時乘專車前往瑣珥米索斯山參觀聖母瑪麗亞之屋（HOUSE OF VIRGIN MARY）。傳說瑪麗亞離開巴勒斯坦後，隨即遷居至此，安度晚年。該屋位於山頂森林中，位置隱密，現已成為基督教聖地，亦是遊覽勝地，觀光客絡繹不絕。

棉花堡泉水泡足圖

十時至山下一家皮衣大賣場，看羊皮衣秀，模特兒邀我共舞，誇張動作逗得大家捧腹大笑，然後實地參觀各式羊皮成衣，最後有不少人購買，成衣都以美元計價，價格並不便宜。

午後繼續前進，二時經過棉花堡，田裡遍植棉花，現正值採收期，只見田間一群群工人在艷陽下彎腰採收。村裡有一奇俗，「家中如有待嫁女兒，便在屋頂置一酒瓶，年青男士若有意追求，且能將瓶子擊破，便可帶女子出遊，但必須與該女子結婚」。

要進入棉花堡溫泉區前需經一古棺區，該處遍地石棺，均已殘破不堪。不遠處即化石區。進入化石區即可看到世界上最獨特的地理景觀，漫山遍野盡是白色化石，一片雪白，猶如棉花，梯田似的一層一層十分奇

聖母瑪麗亞之屋

「木馬屠城記」的木馬模型

特，地上有泉水流過，形成淺灘，遊客赤足，漫步其間，有的坐在岸邊泡足，沐浴在夕陽下十分愜意，夜宿巴穆嘉麗城（PAMKKELE）之溫泉旅社。

十月七日，星期二，晴，二十六度C

今日爲了趕路，凌晨四時半起床，早餐後六時出發，天尚未亮，晨霧濛瀧，兩小時後於路邊加油站休息，然後繼續前行，一路高原風貌，無樹，無禾苗，高低起伏，黃土曠野，道路不寬，勉可錯車，但都筆直。途經一大湖，據說是鹹水湖，可產鹽。

十二時抵達位於土耳其中部安那托利亞高原的文化城市—康雅（KONYA），也是土耳其中部最古老、最重要，也最能代表土耳其中部傳統文化的城市。有大學、有電車，高樓林立顯然已現代化了。

中午至一飯店吃土耳其套餐，有雞肉串、意大利麻花麵、麵包、水果等。

飯後至對面回教信仰中心，參觀伊斯蘭教哲學家兼詩人穆夫拉納博物館（MAVSO-LEUM OF MEVLANA）及陵墓。其中陳列大小不一各式文體的可蘭經及回教文物，另一間放置哲人棺木，供人參拜。

下午五時半抵達以特異地形而聞名的卡巴德基亞（CAPPADOCIA），此處有兩座火山，上古時期火山爆發，熔岩形成各種特異形狀，路邊停車，大家紛紛下車照相。

夜宿四星級旅社，晚餐後自費（二十五美元）去洗土耳其浴，浴室設備簡陋，沒有想像中那麼浪漫，進入浴室，每人發一條浴巾，然後至更衣室脫去所有衣服，僅圍一條浴巾，男女共浴，先進入蒸氣室，約十分鐘後由男性服務生一一搓皮去垢，然後大家躺在一大理圓盤上，等另一服務生作個別服務，抹泡沫液、擦、揉、推、拉、按摩等動作，最後自行沖洗乾淨即結束。此為我平生唯獨一次的土耳其浴，也是難得的一次經驗。

十月八日，星期三，晴，二十六度C

清早四時許有部份團員參加自費乘坐熱汽球活動，八時半才回來。因此全體九時才出發，展開今日行程。今日仍在卡巴德基亞附近活動。

十時參觀地下城市（KAYMAKLI UNDERGROUND CITY）這座深達地下八層樓深的地下城市（現僅開放四層），可容納一萬五千人，是當年基督徒為躲避戰禍而挖掘的，每層分許多小洞穴，洞洞相通，通道曲身而過，其中有房間、廚房、酒窖、教堂等，但大多數為臥室，空間狹小，空氣不好，可見當時基督徒的艱困處境。

十一時半參觀藍寶石店。十二時午餐—自助式，另有烤全羊一隻，不如前在新疆吃的美味可口。

下午一時半參觀造型特別的村莊區域，該地區經長期風化侵蝕，形成各種特異形狀，這些奇岩怪石遍佈整個地區，在此可以看到有如蜂巢般的洞穴民屋，目前仍有不少居民以洞穴為家。

接著去看露天博物館內的岩窟教堂—是當年石區村落的教徒聚集地，大約始於西元四世紀，基督教受迫害時所建，有教堂、廚房、餐廳等，以前曾用作學校，現爲博物館，供人購票參觀。

三時參觀陶瓷工廠及製地毯學校，都有人購買。

晚上前往洞穴餐廳欣賞精彩肚皮舞表演，舞孃邀觀衆共舞，我爲被邀之一，舞畢將小費塞進其胸罩中，另有回教徒傳統的祭祀迴旋舞及其他民俗歌舞，結束時已近午夜。

十月九日，星期四，陣雨，晴，大風，二十二度C

清晨五時起床，早餐後七時出發，前往土耳其首都—安卡拉（ANKARA）。八時中途加油站休息，九時經過一大鹽湖，一路丘陵地帶，氣候變化較大，距安卡那五十公里時風沙大作，視線不良，減速行駛。

十一時半抵安卡拉近郊，午餐，當時風仍很大，有些伙伴因肚子不適，不敢多吃。飯後繼續向安卡拉前進。

下午一時抵達安卡那，先去參觀土耳其國父紀念館。該館爲紀念土耳其共和國創始人凱末爾將軍所建的紀念館。館內陳列土耳其國父—凱末爾的陵寢及其生前所使用過的物品。另一棟爲戰爭展示館，展示凱末爾將軍率領軍民戰鬥獲勝場面及經過。當時突然下起一陣大雨，但未影響我們的參觀。

下午二時參觀安那托利亞文明博物館。其中展示著世界最大的有關西臺文化的收藏品，從安那托利亞發掘的出土品，包括舊石器時代、新石器時代、銅器時代的物品等，該館的建築主體是將以前的市集整修改建而成的。

三時半離開安卡那向伯魯前進，中途休息時，一位女團員不慎跌了一交，致嘴唇擦傷，左手腕腫脹。爲愼重起見立即將車開往伯魯一家醫院，照X光檢查，結果並無大礙，皮肉紅腫而已。但延誤不少時間，八時才至住處—安珀國家公園中的小木屋，當時天氣很冷，幸好室內有暖氣，晚上睡得尙稱安適。

十月十日，星期五，雨，三—二〇度C

清早四時起床，當時安珀公園氣溫只有三度C，早飯後五時半出發，正值農曆九月

土耳其國父（凱末爾）紀念館

妖精的煙囪　千年修行洞穴

十五日，圓月當空，氣候寒冷，七時至一湖邊加油站休息，然後繼續往伊士坦堡前進，高速公路，正常行駛，但下高速公路後嚴重塞車，加之駕駛又多不守規矩，擠成一團，九點廿分終於進入市區，通過連接歐亞二大洲的博斯普魯斯跨海大橋，橋長一七一〇公尺，建於一九八三年，另有一座法堤（FATIH）大橋，完工不久，亦是橫跨歐亞兩洲，爲東西交通衢道。在橋兩端都有防禦古塞，隔著海峽遙遙相望。

十時開始市區觀光，先看以前的賽馬場，當時下雨，有些不便。接著去參觀世界上唯一具有六座傳音塔的清眞市—藍色清眞寺（THE BLUE MOSQUE），雖值雨天，遊客依然擁擠，以及聖蘇菲亞大教堂（ST. SOPHIA MUSEUM），爲基督教與回教合而爲一的教堂，也是世界第二大教堂。現正整修內部圓頂，然後看古羅馬儲水池—深入地下，巨柱縱橫排列，工程浩大，號稱地下宮殿，現仍在儲水應用中。托卡比王宮博物館（TOPKAPI PALACE），爲歷代蘇丹王的寢宮，珠寶收藏豐富。

下午二時於金角灣海邊餐館吃土耳其套餐，有羊肉串、披沙、麵包等。每當夕陽餘暉掃落岬灣，金黃色染滿海灣，閃閃發亮，故稱金角灣。三時往碼頭搭遊艇，泛遊橫跨歐亞兩洲之博斯普魯海峽（BOSPHORUS），位於愛琴海與黑海之交口，兩岸風景美不勝收。

五時前往不見天大市場（GRAND COVERED BAZZAAR），範圍甚廣，是世界上最大的室內市集，有四五〇〇多家店鋪，至少有五〇〇家是珠寶店，佔地二〇萬平方公尺，，共有十八個出入口，每天至少有四〇萬人出入其間，迷宮似的街道，常使遊客徘徊找不到出口，巷弄縱橫，貨色齊全，有皮貨、金飾、古董等，應有盡有。

八時至香港大酒家享用中餐，大概連日吃膩了土耳其菜，所以感到今晚的口味特別可口，適值今日爲雙十國慶，大家舉杯祝賀國運昌隆。

十月十一日，星期六，晴，十七度C

今日旅程結束，將回羅馬，清晨五時起床，七時早餐，八時乘專車開往機場。回台北的飛機是上午十一點十分，但我們回羅馬的班機是十四點五十五分，相差好幾小時，爲了節省車費，且避免溝通不良的困擾，於是與他們一齊到達機場，由於七日同遊，大家相處融洽，機場臨別，不勝依依，於是相互合照、情緒熱烈，最後以土耳其式相擁吻面 告別。

九時半送他們回台北的入關後，淑玉同我在機場消磨時間，等到下午一時我們通關，三時登機，半小時後起飛，不久機上供餐，五點四十分降落羅馬達文西國際機場，飛了兩小時又十分鐘。時鐘撥慢一小時，順利通關後，等拿到行李即乘火車回羅馬。結束土耳其之旅，感到非常滿意，接著將安排「埃及之旅」。

五、米蘭一年

民國九十一年（二〇〇二）五月份到義大利第二大城米蘭住了整整一年。在這一年中對義大利有些認識，也就近去了不少地方，造訪觀光景點，參觀名勝古蹟，令人印象深刻，茲一一誌之，以供分享。

初到米蘭

五月九日，星期三，清早三時起床，整理好行李後，四時由文德開車送淑玉及我至中正機場，五時即達，隨即至華航櫃台前報到，三件行李，順利托運，然後攜帶隨身行李通關。

七時廿分登上華航CI六〇一飛往香港班機，廿五分鐘後起飛，八點三十分機上供餐，一路飛行平穩，九時降落香港新建機場，感到機場好大噢！

十時找到意大利航空公司櫃台，辦理轉機手續。十一時登上AZ七七九飛往米蘭班機，十一點四十五分起飛，一個小時後機上供餐，銀幕顯示香港距米蘭九三四五公里。中間未再供餐，直至晚上十時才供簡餐，間隔太久，晚上十一點四十二分降落米蘭馬奔沙機場（Malpensa）足足飛了十二個小時，十二點三十分出關，當地時間爲五月九日下午六點三十分，與台灣時差爲負六小時。十分鐘後，看到文正及辦事處主任張阿獎先生來接，機場距米蘭市區約六〇公里。八時抵達文正住處，距中央火車站不遠。

認識環境

住所附近爲住宅區，多爲意大利集合式住宅，樓高六至八層，每一組住宅建築，猶如城堡，全由一個大門出入，並由專人駐守，比較安全，旁邊有一長方形廣場，爲每週二、六市集展售場所，蔬果、雞鴨魚肉、服飾日用品，樣樣俱全，十分方便。該處也是我每日凌晨運動，打拳的地方，兩旁均有行車道路，直通公共花園，路旁都是高大的梧桐樹，枝葉繁盛濃密，可稱之爲林蔭大道。

義大利人對兒童十分重視，隨處都可看到兒童遊樂設施，住所附近即有兩處，且都有溜滑梯、盪秋千、爬杆等，設施齊全，四週均有護欄及家長坐椅，顧慮週到，經常看到家長帶著小孩在那兒嬉戲。

由住處向右步行約十餘分鐘，便到達建築雄偉的中央火車站，該站建於一九二五—一九三一年，莊嚴氣派，特快車可達歐洲各主要城市，那兒有直達機場巴士，搭乘市內地鐵

MM，市內公車都很方便，向左便是米蘭繁華的商店大街，有很多精品店，人潮洶湧，每逢假日更是擁擠不堪。

難忘的母親節

五月十二日，星期六下午由文正開車，帶全家去參加由米蘭婦女會及駐米蘭辦事處合辦的母親節活動，初次接觸到由台灣去的婦女們。地點是在「中國城」一所教會的庭院裡，那兒也是中文學校借用上課的地方，她們帶著自製的油飯、蛋糕、點心等食品，與小孩、眷屬，共同享用同樂，以慶祝國際母親節。

會後，辦事處主任及幾位婦女代表於台灣料理店請我們吃飯，表示歡迎，席間談到要請我去中文學校任教，每週六下午一次三小時，對象爲台灣去的僑民子女，也有外籍人士，程度高一上下，我想能在國外爲華僑子弟盡一份心力，也是一件好事，於是欣然答應。

友義出生—驚喜的一天

我們這次來義大利的目的，主要是幫長媳翠娟坐月子，迎接我們的第二個孫子。

五月十三日，星期日，上午九時翠娟說：「可能今天要生產了」，隨即收拾必需用品，由長子文正開車送翠娟去醫院候產，淑玉及我在家照顧長孫友瑞並聽侯消息。

十一時前文正打電話回來說：「生了，是個男的，母子平安」。我聽了非常高興，心想家中又添一個壯丁，實屬一大喜事，以後得知出生確切時間是上午十時四十八分，取名友義（在義大利出生），義大利名子叫路卡（LUCA）醫院給命的名。

下午張阿獎主任及夫人、女公子開車帶我們去醫院看翠娟，嬰兒在育嬰室，沒有看到，回來時張氏夫婦熱心幫我們找公車站牌，並指示上下車站名稱，以便我們自行前往，因初至米蘭，一切都很陌生，不懂義大利語文，很不方便。

正好今天次子文德、次媳淑玲隨團來歐洲旅遊抵達米蘭，晚上我們去他們住的旅社會面，十九日他倆將脫隊在米蘭玩幾天，難得我們全家能在海外團聚，眞是令人驚喜的一天。

義大利屬福利國家，翠娟在醫院生產，並住了五天，出院時完全免費，未花費一毛錢，始料未及。

夏令營

義大利華僑婦女聯合會主辦的夏令營，一年一次，由羅馬、米蘭、那波里幾個地區輪流主辦，九十（二〇〇一）年，由米蘭婦聯分會及中文學校合辦，地點選在米蘭與羅馬間的東海岸邊的一個小鎮上（RMINI），時間是九十年六月廿二—廿五日。

廿三日上午十時搭張主任便車，沿 A1 號高速公路向目的地前進，車速一二〇，中午

義大利金色沙灘上的遮陽傘椅座

至一中途休息站吃熱狗。三時半經過一個小鎮，順便進去觀光一番，我請大家吃冰淇淋，四時許繼續前進，沿十四號道路，五時抵達目的地如迷你（RMINI）小鎮進入（ROCK）旅社，受到中文學校陳光儀校長的熱烈歡迎，有許多成員他們已先到了，我們被安排在四一八房間。

五時半少年夏令營開幕式，全員參加，有四、五十人之多，駐義大利代表處林基正夫婦及隨員由羅馬趕來參加，致詞並贈于中文學校補助費三千美元。

七時半晚餐，吃義大利麵。飯後至海邊散步，看日落，金色的沙灘上，全是一排排彩色鮮艷的遮陽傘及躺椅，供遊客租用，該處爲一觀光景點，遊客如織。

次日清晨，有早起習慣的人在旅社游泳

池畔，打太極拳，跳元極舞，也有人在晨泳，生氣勃勃。

八時婦女們參加婦聯會年會，青少年們參加由中文學校安排的教學活動，其餘人員在池邊聊天，聯絡感情，認識新朋友。

四時婦聯會議結束後，大家分享由姐妹們親手包的粽子，然後又至海邊踏水，看別人划船戲水，打球等各種水上活動，也有情侶們靜靜地躺在沙灘上享受那份浪漫的氣氛與情調。

晚飯後，中山學術座談會邀請我講「三民主義在台灣」，在坐的有林代表及隨員，各組組長，婦聯會全體姐妹們，歐華日報記者等，濟濟一堂，由於時間不多，我僅就土地改革及十大建設爲促成台灣經驗奇蹟的主因，亦即實現三民主義的具體表現，略作陳述，完畢後獲得熱烈掌聲鼓勵及大家的認同。

六月廿五日爲夏令營最後一日，除青少年尚有教學活動外，別無其他重要活動，於是有些人準備提前離去。

九時半我倆同嚴爲倫小姐共同搭乘由一位義大利人開的車回米蘭，一路車行快速一四〇—一六〇ML，十分順暢，於下午一時便抵達米蘭，我們轉乘捷運回家。

瑞士朋友

文玲當年在美國時認識一位瑞士小姐尹兒卡（Erika），以後她到台灣自助旅遊時就住在我們家。隔年馬力士（MarLis）夫婦到台灣旅行時也住在我家。民國八十五年馬瑞他（Marietta）姐妹、馬力士夫婦、尹兒卡及她的男友（Manfred）曼夫德六人結伴一齊來台灣旅遊也都住在文正那邊（新店），由這幾次的接觸與相處都很熟悉了。以後文正也曾去瑞士找她們玩了幾天。

這次我們到米蘭來住，艾麥尬（Irmgard）（馬瑞他的姐姐）自瑞士來看我們，住了兩天，順便由文正開車帶她遊米蘭，如大教堂、古城堡、公共花園等觀光景點。

八月四日，我們全家同她一齊去瑞士，米蘭距瑞士很近，一個小時車程即達瑞士邊境，過境時只需以三十瑞士法郎購一張車輛通行證，貼在車前擋風玻璃上，便可在境內通行無阻，別無其他手續。也不檢查任何證件，便過關了。

事先我們曾與其他幾位瑞士朋友約好在瑞士南部不列斯班火車站相會，入境後又開半小時便到達，且很快便看到馬瑞他小姐及馬佛弟（Manfred）夫婦並抱著她們剛出生兩個多月的女嬰，今天到場的還有伊兒士的（Ernst）夫婦，連我們一家六口共十一人。於是在火車站前一家餐廳坐談、聚餐。飯后依瑞士習俗平均分攤餐費。

下午相偕參觀該鎭一座古堡，堡中央有一草坪，其中有棵大樹，頂圓，葉茂，如同大傘，其下設有咖啡座，我們先在草坪上仰臥，徜徉，嬉戲。然後登堡遠眺，欣賞瑞士山水之美，以後又在那兒共享瑞士冰淇淋，直到傍晚拍照留念後，下山晚餐，當時突然下起大雨，九時俟雨小些，便各自道別後驅車回家，我們於晚上十一時回到米蘭。

㈠米蘭名勝古蹟

米蘭位於義大利北部，爲義大利與法、德、瑞乃至北歐諸國陸上交通樞紐，亦爲歐陸各國海運轉運站，因此，米蘭是一個十足的工商業城市，實際上米蘭的名勝古蹟也不少。

多摩（DUOMO）大教堂

大教堂有特殊外觀，有如森林般的尖形屋頂，高聳雲霄，引人注目，教堂開始建於十四世紀，採用當時最流行的尖塔形的哥德式建築，不同於文藝復興時代的大圓頂式。歷代大建築家、雕刻家都曾爲這座大教堂有所貢獻。總計教堂內外，大小雕像，共計四千四百之多，好比歷代名家雕刻展，教堂共有四十四個尖頂，每個尖頂上都有一個名家雕塑的聖像，位於正中而最高的，是金塑的聖母像，離地面約一一九公尺，到夜晚一片黑暗中，只有聖母金頂發光，好像在天際顯靈。

教堂前有一廣場，經常是觀光客聚集的地方，也是集會遊行、請願、發表競選演說的地方，比人更多的便是鴿子，一群一群，飛來飛去，只要有一包玉蜀黍，它們便振翅飛來，站滿了你的手臂、肩上，乃至頭上，在廣場邊也有少數合法攤販，販賣食物、飲料，也有外來客手持絲巾等紀念品，四處兜售，還有些人化裝成古傳教士或金人，佇立在小箱上一動不動，面前放一只圓缽，受人施捨。

教堂周圍有多路電車，公共汽車經過，亦有地鐵到達，交通十分方便。

廣場右邊有一座巨型建築名爲愛默爾走廊（Galleria Victorio Emanvele），實際是室內徒步街道，兩旁商店比鄰，多以出售咖啡、紀念品、特產爲主。咖啡座擺在店門口走道上供顧客品茗，若遇大節日，於其中舉行大規模舞會，盛況熱烈。

斯福柴古堡（Castello Sforzesco）

米蘭另一著名古蹟當屬斯福柴古堡，這個古堡，建於十五世紀，佔地甚廣，建築外觀樸實無華，全用棕色磚砌成，四周圍著一道城牆，牆外有護城河，城門口以吊橋與外界來往，內部建築是三層樓，分爲數進，每一進間都有廣大庭院，古堡原爲斯福柴（Sforza）家族的住宅，奢華無比，其後斯福柴家族衰敗，這裡便用作軍營，監禁囚犯之所。城牆四周有許多起伏丘陵，下面全是堅實的防空設施。古堡內部，現在一部分用作市府機關的辦公處，大部分作爲市立博物館，陳列許多雕刻，油畫及古代傢俱，其中最名貴的一尊大理石雕像，一個老人背著一位少女，是米蓋朗琪羅最後而尙未完成的傑作。

古堡後面為一大片公園，古木參天，花木扶蔬，其中有一所老人活動中心，承辦老人各項活動及福利工作。筆者旅居米蘭時曾蒙被安排接受一次免費理髮服務，也曾參加過他們的老人活動，會後有平價餐飲供應，感到米蘭的老人福利不錯。

司加拉歌劇院（Theatro Scala）

司加拉歌劇院位於大教堂附近，享譽全球，本擬前往欣賞，奈何！當我在米蘭時，正值該院整修，一封三年，以致無緣觀賞，十分遺憾。

㈡米蘭華僑中文學校

米蘭華僑中文學校位於米蘭中國城一個教會內，借用教會學校教室上課，校長由台商陳光儀先生擔任，他已僑居米蘭數十年，教師由華僑婦女或留學生擔任。

九十學年第一學期於九月十五日，星期六下午開學，以後每週六下午三至六時上課。第一次先行註册，有四十餘位報到，按程度分班上課。學生多為華僑子女，亦有外籍學生，程度由初學至大學，年齡由六歲至成人，我擔任最高班級，其中有幾位正在當地大學就讀，一位為貿易商人，義大利籍，現通德、法、日語，也曾去北京學中文，其餘為中學生。教材由僑委會提供，也有教師自選，主要以教學中文及宣揚中華文化為主。

中國城僑民大多數是由中國浙江省溫州一帶過去的，很多人經營服裝生意，據說米蘭也有一所由中國大陸人設的中文學校。

學義大利文

來到義大利感到最大的困難就是語言不通，無法跟當地人溝通，不會講，聽不懂，如同呆子，出門看不懂路名，進飯店不會點菜，有如文盲，實在太不方便，幾乎寸步難行，基於日常生活實際需要，決心要學義語。

承蒙張主任太太陳純卿女士介紹，並親自帶我至住處附近一所義大利語言學校報名。九月十九日經過入學測驗，最後得到一張上課許可證，訂於十月八日開課。

十月八日，星期一，下午二時半去義大利語言學校上課，今日爲開學第一天，即開始上課，由安娜女老師任教，四十歲左右，身材窈窕，髮長及肩，金色，性情開朗，每週上課四次，週一至週四，每次（三至五）兩小時，週一有人翻譯，其餘各次直接與老師溝通，不過她可說一些英語，班上學生除我以外都來自中國大陸，年青，中小學程度，無人會講英語，必要時由我權充翻譯。

學校只有兩個班級，一爲基礎班自字母教起，另一爲會話班，具有相當基礎者，我由於係初學，故加入基礎班。

義大利文屬拉丁文系，共廿一個字母，字母形狀與英文字母相同，其中有三個發音不同，最大差別的是H讀阿卡，另外有JKWXY五個字母只在外來語中出現。

學校是公立的，必須要有居留證才得進入，一學期學費一〇歐元，教材自購。九十一年（二〇〇二）一月底，第一學期結束，經過期末考，得到一張一〇四／一一二小時學分證明，並得到老師的口頭誇獎，說我是「班上最聰明的學生」。我說「我是班上最老的學生」。

第二學期升入會話班，二月十九日開課，由另一位老師 Nicoletta Negri 任教，個子瘦小，認眞負責，學生有四十幾位，男女都有，多爲二、三十歲年青人，教室都坐滿了，仍然絕大多數是中國、浙江、溫州人。上課時間改爲每週二至五下午三至五時。

第二學期六月十四日結束，但我於五月八日便離義返台，故差一個多月沒有讀完。

㈢登少女峰

八月十五日起有幾天連續假期，於是我們計劃去瑞士登少女峰，遊日內瓦湖，以及其他主要景點，觀光遊覽。

上午九時由文正開車帶全家由米蘭出發駛往瑞士英特萊克，即少女峰山腳下。我們找到火車站附近一家旅社住下，議定宿費爲五六〇法郎（140×2×2 ＝ 560）兩個雙人房、兩夜、含早餐，安頓好後，便去火車站購買明日凌晨登少女峰火車票，清早七點〇八分的第一班車，優待票價一〇八法郎。

次日清早六時起床，盥洗完畢帶著禦寒衣及旅社準備好的早餐袋，趕往火車站搭第一班火車。早起登山的人不少，三節車箱全滿，車箱下有絞鏈，火車繞山爬行，愈爬愈高，視野也愈見廣闊，山下房舍愈來愈小，一小時後至一中途車站，該處為一小高原，有幾間小商店，販賣紀念品，在那兒與從山的另一邊上來的火車會合，改乘兩節一列的高山火車，繼續前進，車在山洞中向上鑽，中途有兩處觀景洞口、停車，讓旅客下車觀賞，看到峽谷、瀑布及雪景，五分鐘後再上車前進，最後到達歐洲之巔—少女峰，海拔三四七一公尺，該處有旅客服務站，暖氣開放，其中有飲食部、販賣部、郵局、咖啡座等設施，並有一觀景台，可乘電梯上四樓，登上平台極目四望，山峰起伏，姿態萬千，全是一片銀色世界。今日天氣晴朗，大家紛紛到雪地上照相，捕捉美麗鏡頭，同時體驗踏雪滋味，感受高山寒氣。

十一時乘火車下山，在上面待了兩個小時，上下山各需兩個小時，下午一時許回旅社休息。

以前隨團到瑞士旅遊曾登上鐵力士山，這次有機會登上少女峰，瑞士兩大登山勝地都去過了，兩相比較各有千秋，不過我還是喜歡少女峰。

八月十七日，上午八點三十分開車轉往瑞士首都伯恩，一路在山中穿梭、盤旋，直到伯恩附近才見一塊小平原。

進入市區，由於初次來此摸不清方向，故先找資訊中心拿地圖，循圖先至火車站繞一

少女峰之巔標高11,782英尺

圈，作市區觀光，然後找到一處公園，進去休息並用午餐，以後又去一座玫瑰園參觀，欣賞各色玫瑰，該處地勢較高，可鳥瞰伯恩市區及亞爾河兩岸美景，只見道路交錯，房屋連棟，猶如圖畫。三時半離開伯恩向日內瓦前進，一個小時後到達日內瓦機場與蕭振寰先生會面，然後他帶我們至翠娟同學家，也就是我們晚上借宿的地方，房主全家出遊，鑰匙由蕭先生轉交給我們。蕭先生與翠娟同學同在我國派駐日內瓦代表處服務，已有數年，對日內瓦十分熟悉，晚上他帶我們去一家義大利飯店用餐，吃義大利麵，口味不錯，最後由他付賬請客，使我們感到不好意思，約定明晚回請他們全家。

次日清早在住處附近散步，路邊有一公園，進去活動、打拳。

九時開車全家去日內瓦雷夢湖邊觀光，湖狹長形，面積甚廣，可看到對面，但看不到另一端，有環湖公路，湖心有一噴水柱，高數百公尺，引人注目。湖邊停滿大小遊艇，有橋貫通兩岸，橋頭有座大花鐘，數字散落鐘面，顯示他們的幽默，過橋左轉沿環湖公路前進不遠，靠路右邊有座紀念公園，其中古木參天，花香撲鼻，綠草如茵，草坪上有人在教太極拳，學員成十人，全爲年青女生，教練爲一中國女性。公園內亦有兒童遊樂設施，帶友瑞去玩了一會。也有玫瑰花園，還有一座紀念館，今天雖爲週末，但遊人不多，十分清靜。

中午至湖的另一邊作市區觀光，經過聯合國歐洲總部前，門口樹立兩行萬國旗幟，廣

日內瓦雷夢湖畔花鐘

日內瓦雷夢湖中水柱引人注目

場上有一巨型缺腳靠椅模型，引人注目，我們在那兒拍照留念。然後繼續前行，無意中轉到我們的住所前面，樓下就是大賣場，有各種飯店，我們進去吃越南河粉，然後回去休息。

晚上本擬請蕭家晚餐，但他堅辭不接受，只好作罷，不過他給我們推薦一家法國牛排館，就在花鐘附近，當我們到花鐘前正好遇到好幾隊新娘花車，車後托著長串飾物，喇叭齊鳴，飛馳而過。我們在那附近轉了幾圈，終於找到那家牛排館，幸虧我們去得早，還未滿座，不然就得等了。一客三十五法郎，吃完一盤，又加一次，肉嫩味足，的確不錯。飯後又至湖邊欣賞夜景，遊客很多，不少小孩在那嬉戲。

八月十九日，星期日，清晨離開日內瓦，返回義大利，中途經過蒙特勒，參觀石塘古堡，一小時門票七點五法郎，該古堡濱海，進入時需經一木橋，為十二世紀所建，現為博物館，其中有不少展品，並有中文說明。古堡兩層，並有中庭，現開放所有空間供人參觀，值得一看。

然後繼續回程，中午在路邊吃了一餐最貴的午餐，一客三十六法郎，加上啤酒、冰淇淋共一百七拾四法郎，我們以為一共三十六法郎，看錯菜單會錯意，直呼上當。

㈣新天鵝堡（奧、德、瑞四日遊）

九十年（二〇〇一）十一月一日起有幾天連續假期，於是計劃作奧德瑞四日遊，主要目的地爲德國羅漫蒂克大道旁的新天鵝堡。

首日清晨，文正開車全家帶著日用品由米蘭出發，北上至奧地利首府因斯布魯克，參觀黃金屋頂，此處前曾來過，當時隨團而行走馬看花而已，此次可說舊地重遊，但感受不同。

所謂「黃金屋頂」就是在一排連幢房屋中有一間不太起眼的三層樓房，屋頂敷以金色瓦頂，在陽光下閃閃發光，三樓有古裝樂隊定時演湊，供人參觀，屋前有一廣場，場中停有待招馬車及攤販，觀光客絡繹不絕，現爲一熱門觀光景點，同時帶動週邊繁榮景象。

今日天氣晴朗，陽光普照，但氣溫只有二度，下午四點繼續北上，經過山區氣溫更低，車外只有一度，因路不熟，黑夜按圖摸索，邊走邊問，七時終於找到預定的旅社，HOTEL SCHWANGAVER HOF，距天鵝堡不遠，旅社以天鵝作標誌，房間不錯，很暖，房費一間一天一二〇DM，我們連住兩夜。

次日，天晴，仍然很冷，車頂結霜。旅社供應簡單早餐：麵包夾肉、牛奶、咖啡而已。

九時開車去山下天鵝堡觀光點，排隊購票參觀兩座古堡，門票每人一四DM。上午先參觀老古堡，爲德王路德維德一世所建，須步行上山，十多分鐘，到達後先在庭園休息，然後依電子管制器顯示號碼進入堡內，免得過於擁擠，其中房間很多，有大有小，陳設展品，有人解說、帶路，轉來轉去，爬上爬下，臨窗眺望，可看到對面山上的新天鵝堡，潔

黃金屋頂

自舊天鵝堡遠眺新天鵝堡

白高雅，聳立山顛，十分奪目。

下午參觀新天鵝堡，搭乘馬車，一台十二人，每人八 DM，循山道蜿蜒而上，至堡前下車，先欣賞古堡外觀，它全由花崗石砌成，給人一種純潔高雅的感覺，瞭望塔高聳天際，十分雄偉。然後分批進入，由導遊以英語或德語解釋，逐室參觀，新天鵝堡由德王路德維德二世所建，內部裝飾高貴華麗，每室皆有壁畫，深具藝術價值，約一小時結束，然後步行下山。

十一月三日，晴，四度，上午早餐後，循羅曼蒂克（Romantic Rooad）大道北上，先在距旅社不遠處，參觀一間教堂，規模雖不雄偉，但內部雕塑及壁畫十分精緻。然後繼續北上，沿途參觀古堡、教堂及景點，其中有座頗具規模的教堂，週圍街上正好有市集，在那兒消磨不少時間，因天色不早，本想在那兒住下，但無適合旅社，於是又繼續前進，天黑前又參觀一座古堡，以後到達陸斯堡（Rothenburg），有古城牆，看了好幾家旅社，都不理想，最後在城內靠市中心找到一家較好的住下，一間一夜一八〇DM，我們住兩間，加一小床十五 DM，停車另付十二 DM，不過有百分之十折扣，最后共付三五一 DM。晚上逛街、吃義大利麵。

羅曼蒂克大道自福色（FUSSI）至威斯堡（WVSBY）三五〇公里，沿途有二十六個景點，我們造訪了二〇個景點。

十一月四日，結束行程，經瑞士回米蘭。清早七時半早餐後，將行李收好放在車上，然後推著幼兒車去逛街，參觀教堂、古城牆，街上有馬車供旅客作市區觀光，成人一〇DM，小孩半價，但我們沒有坐，步行參觀商店。

十一時半退房，駕車回程，由德國經瑞士。在瑞士山區，快到Lgn被警車攔下，聽不懂，無法溝通，不明就裡的被罰二四一瑞幣，無現金，刷卡了事，耽誤了幾十分鐘，自認倒霉，實在冤枉。

(五)羅馬見聞

「羅馬不是一天造成的」、「條條道路通羅馬」，這是我小時候經常聽到的兩句話，盡管它另有含意，但「羅馬」卻使我印象深刻，對一個居住於東亞的小孩來說，羅馬好像是遙不可及，但經過時來運轉，時代變遷，卻使我不只一次有機會造訪久已嚮往的文明古都—羅馬，這不能不說是一件令人興奮的事。茲將歷次見聞，陳述如次以供分享。

從台北到羅馬

民國八十七年（一九九八）五月中，曾隨旅遊團首次到達羅馬，那次受行程所限，只能走馬看花，如蜻蜓點水式的到幾個著名景點走一遍，無法仔細入內觀賞，不無遺憾，於是心中總有一股「一定要再去一次的願望」。很幸運，機會終於來了！時隔五年，再度踏上世界文明古都—羅馬，且能長住數月之久，得有機會走訪羅馬及附近的名勝古蹟，並能作較詳細，深入的觀賞。實屬有幸。

民國九十二年（二〇〇三）六月六日，晚上六時，由文德開車送淑玉及我至中正國際機場，淑玲亦同去機場送行，當時天雨，車行緩慢，幸未誤時。八時順利通關，九時登上華航飛往羅馬班機。九點四十五分起飛，十點三十分機上供茶點、果汁、豆子。十一點十分供餐—魚肉炒麵、水果等，座機飛行平穩，銀幕上顯示航行路線經過泰國、印度上空、阿拉伯海，速度八七五公里，高度一一八八七公尺，機上有空位，有人躺著睡，一佔四個坐位，也有佔兩個坐位的，但絕大多數人仍躺在窄狹的經濟艙坐位上，靜待時間的流逝。

六月七日，看手錶上台灣時間五點鐘，機上供早餐—稀飯。六點三十分降落阿布達比，當地時間二點三十分，因受SARS影響，乘客不得下機，在機上休息，七點三十分加油後起飛，繼續航行。

十點三十分打開窗戶，只見東方海上泛紅，太陽升起前的天際十分美麗，由淡紅變橙色、深紅，一會兒太陽露出一線，半圓，天空景像千變萬化，太陽慢慢地往上爬，躍出海面，空中看日出，眞是太奇妙了，深深體會到時間永不止息，宇宙變動不居，再看海上雲堆，像座座雪山從機身下馳過，又如萬馬奔騰。

十二點三十分機上供餐，主食為麵。一點三十分降落羅馬達文西國際機場亦稱菲烏米齊諾（Aeroporto di Fiumicino），機場當地時間為上午七點三十分，由於SARS關係，通關比較嚴格，我推著行李，被海關人員擱下，要打開皮箱察看，口中不停地講FOOD！FOOD！我以NO！NO！回應，他翻了一會兒，看沒有什麼違禁品，也就放行了，淑玉拉著另外的行李，已在外面等著。八點看到文正抱著友瑞來迎接，九點三十分至羅馬市文正住處看到翠娟及友義，好久未見友義有些認生。

認識環境

住所位於羅馬北區，附近丘陵起伏，交通方便，有數線公車可通市區中心或火車站。周圍住宅依地勢興建，多為八層組合式公寓。每棟外牆都粉刷整潔，有統一鐵捲窗門，故無雜亂鐵窗裝置，顯得十分整齊、美觀，我們的住處後面有條社區道路，單向通行公車，沿路斜坡上去，步行十餘分鐘，有公園、學校和商店，道路兩旁為住宅，平時路邊停滿了汽車，前面及左邊各有一條通衢大道，每天車輛川流不息，交通頻繁，路旁商店林立，向右有大賣場，向左有傳統市場，購物方便，距學校也不遠，公車一站，步行十餘分鐘，唯一稍感不便即距翠娟辦公室稍遠，不如在米蘭時那麼方便。

我們住在一個可住一六〇戶的大社區內，由兩棟成L型的八層公寓組成，每十六戶共用一個大門，我們一樓有一間社區醫療所，保健需求十分方便，有一組可容三人的小電梯，樓前有庭院可供孩童玩耍嬉戲場所，有社區大門，可維護社區安全，並有兩位工人負責門房管制及公共區域清潔維護，室內統一規格，三房、一廚、一衛浴，爲一般市民住宅，居民多爲上班族。

羅馬之最—幾處最吸引人的觀光勝景

羅馬古都具有二千七百餘年的歷史，現已發展成占地面積一千五百平方公里，人口總數達三百萬的大都市，在此區內還有獨立的梵諦岡。羅馬現在是義大利首都，也是世界觀光勝地，是許多人嚮往的地方。

羅馬由於歷史悠久，又是天主教教會中心，對世界具有廣大的影響力，經文藝復興及巴洛克時期藝術大師們的努力，使羅馬建築更具特色，也更加美化。由於羅馬的特殊歷史背景，今日羅馬到處到都是名勝古蹟，可觀光的地方實在太多，不過最吸引人的應屬下列數處，茲作簡單介紹，以供分享：

一、梵諦岡

梵諦岡是世界天主教權力中心，自一九二九年二月十一日的拉特朗（Laterano）協議簽訂後，它就是歐洲最小的獨立國，（面積大約只有零點五平方公里）由教宗統領，它擁有自己的外交官、公民、警察、軍隊及司法系統，並具有各種交通工具，包括鐵路，且梵諦岡電台每天用二十種不同語言向世界各地播放。

梵諦岡主要觀光點有三處，即聖彼得教堂、聖彼得廣場及梵諦岡圖書館。

1. 聖彼得教堂

每天吸引成千上萬信徒及觀光客來此朝聖，此教堂興建超過一個世紀，文藝復興及巴洛克時期偉大建築師都曾參與設計，聖彼得教堂最引人注目的是由米開廊基羅所設計的圓頂，高一百三十六點五公尺，圓頂直徑四十三點三公尺，分內外兩層，兩層之間有階梯盤旋而上，愈高愈窄，最後僅容一人通過，甚至需攀索而上頂端，站在最上一層廊柱下欄杆內，眺目四望，將聖彼得、梵諦岡和羅馬全景盡收眼底，不禁使人心曠神怡。欲登圓頂需從教堂右側售票處購票，每人五歐元，然後乘電梯至教堂頂端再步行攀階梯而上。

教堂長二百一十一點五公尺，內部全用大理石裝潢，有十一個禮拜堂及四十五座祭壇，更有許多珍貴藝術品，多屬十七世紀中葉貝里尼的作品，巧奪天工，美不勝收。進入教堂不需門票，但服裝必須注意，男士穿T恤、短褲，女士袒胸露背者不許進入。

2. 聖彼得廣場

廣場略呈橢圓形，中央一支華表高聳，兩旁兩個巨型噴水泉，數十支水柱沖高數丈，十分壯觀，更引人注目的卻是那兩旁合抱的四排柱廊，柱廊共有八十八根粗數圍高數丈的

自聖彼得大教堂頂端鳥瞰
聖彼得廣場

聖彼得大教堂前的瑞士籍衛兵
所著彩色條紋制服爲米開郎基羅所設計

大石柱和二百八十四根較小的圓柱，柱頂上聳立著一四〇個石雕像，雕像的體積大約比眞人大兩倍，聖彼得廣場的雄偉氣勢，由此可知，每當元旦或其他重要節日，廣場上聚集十幾萬名天主教徒，當教皇出現在陽台上時，全場歡呼頂禮，那份虔誠肅穆，令人感動。

3.梵諦岡博物館

原爲教皇官邸，現爲世界上珍藏藝術品最重要建築之一，每天參觀人數衆多，尤以每月最後一個週日不需購票，觀衆更是人山人海，入口隊伍長達數千公尺，進入館內須接受安全檢查，然後上樓參觀，所陳列的有雕塑品，其次爲畫廊，最後爲現代宗教藝術品，看完可由螺旋坡道下樓出館，隨人群移動，看完全程約需二個小時。

二、圓形競技場

圓形競技場由維師巴西安皇帝命尼祿所興建，於西元七二年起動工，八十年落成，長一百五十八公尺，寬一百一十八公尺的橢圓形四層樓建築，牆高五十公尺，頂有遮陽棚，底層有八十個拱形入口，可使六—八萬觀衆迅速進出，現存外牆僅原有的五分之二，兩端分別有兩堵高牆支撐著，競技場內部大部分已坍塌，難辨原貌，但地下室邊牆有三十個門洞，可能作爲升降機將野獸籠、武器等送上競技場使用。

看台分五區，觀衆依社會階級而入座，第一排爲元老，其次爲已婚平民、貴族、青少

圓型競技場外觀

圓型競技場內部

年、女人只能坐在最頂層。

競技場為千年古蹟，每天觀光客絡繹不絕，欲進入參觀需購門票（每人十歐元，優待票六歐元），購票隊伍往往延長數百公尺。場外有馬車、古裝武士陪人照相的、賣畫及紀念品攤販，招攬生意，另外在南側有座三孔拱形君士坦丁凱旋門，落成於西元三一五年，為慶祝君士坦丁戰勝與其共治的馬森提馬斯。

三、萬神殿

萬神殿由於其建築形式特殊而吸引人，它巧妙的組合各種幾何圖形（圓形、方形、球形等）和各式建築的特色，是羅馬境內現今保存最完好的古代建築之一，廟建於西元前二十七年，最初以祭祀戰神瑪斯、愛神維納斯及凱撒大帝。在中古世紀被改為教堂，此神廟最特殊是它的藻井圓頂，其高度與直徑同為四十三點三公尺，頂上藻井有五層，逐層往中央縮小，讓人不由自主將目光集中於中心點，圓頂上方的洞為唯一光源。

神廟的大柱廊是由八根整塊花崗石鑿成的石柱所組成，柱廊和圓頂之間以大型磚砌建築物相連，神廟前有噴泉及方尖碑。

此外尚有西班牙廣場、拿佛納廣場、特雷維噴泉（許願池）等，都是遊客喜歡去的地方，由於篇幅所限，不作詳細介紹。

從內部看萬神殿

萬神殿正面

柒、非洲

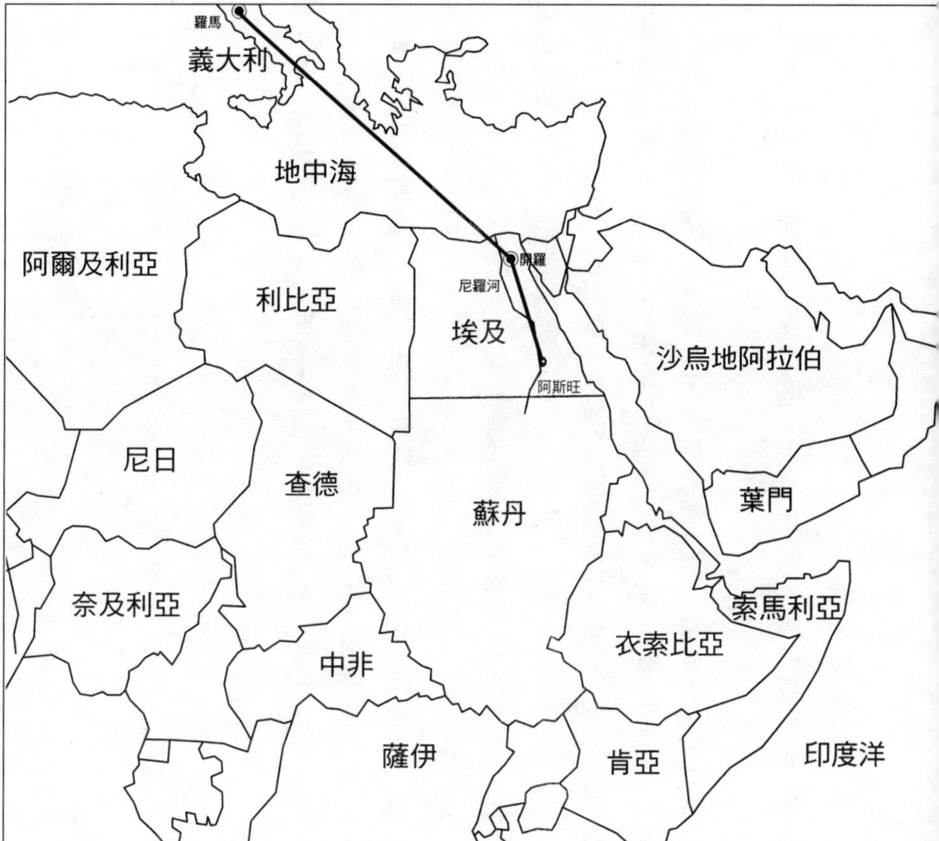
羅馬
義大利
地中海
阿爾及利亞
利比亞
開羅
尼羅河
埃及
阿斯旺
沙烏地阿拉伯
尼日
查德
蘇丹
葉門
奈及利亞
索馬利亞
衣索比亞
中非
薩伊
肯亞
印度洋

埃及尼羅河之旅

埃及為世界四大古文明國之一，西元前三二〇〇年，第一王朝米尼斯王統一上下埃及，建都於底比斯，至第十八王朝，征服敘利亞、利比亞等地，為埃及歷史上最強盛的時代，西元前三一年，埃及被羅馬所滅，為羅馬帝國一省。西元六四〇年被阿拉伯軍征服，自此埃及信奉回教，學阿拉伯語，以阿拉伯人自居。至一八八五年蘇丹脫離埃及宣布獨立，一九五二年，成立埃及共和國。一九六七年中東戰爭，以色列佔領西奈半島與運河東岸，一九七八年，埃及承認以色列獨立，收回領土及運河區。

埃及面積一〇〇萬平方公里，人口約五〇七四萬，首都位於開羅（Cairo），地處北非沙漠地帶，早晚溫差大，雨量少且多集中在冬季。貨幣單位是埃及鎊（Egyptian pounds），一美元約等值五、五埃及鎊，一埃及鎊約等值新台幣六元。使用電壓二二〇V五〇Hz時差比台灣慢六小時。

民國九十二年（二〇〇三）十月中自土耳其回羅馬後，不及兩週又加入台灣團赴埃及開羅，展開尼羅河之旅。

十月廿一日，星期二，晴，二〇度

清早五時起床，早餐後同淑玉帶著簡單行李，乘三八路公車至火車站，轉乘火車至羅馬達文西國際機場。搭義大利航空預定一〇點〇五分的班機開往開羅，但等到十一點一〇分才起飛，因由台灣來的領隊在開羅機場等我們會合，所以使我非常著急，幸好等我們於下午一點五〇分降落後，急忙趕到約定地點－驗照出關口，看到領隊徐佳璋先生及當地導遊都在等，這才放心。且埃及旅遊公司有好幾位先生在代辦落地簽證及通關手續，所以很快，很順利，感覺他們服務不錯，出發前的各種疑慮都消除了。

下午三時上遊覽車，遇見台灣來的其他團員共十三位，另有四位晚上才自英國倫敦來會合，然後去參觀埃及博物館，館內收集的埃及古物及手工藝品居世界首位，多達十萬件以上，龐然的人面獅身像、棺柩、雕像等，讓人交錯於古老時光中，其中從圖坦卡門陵墓中挖掘出的寶物、黃金面具、雕像等陪葬品，更讓您目不暇給。

六時至王府飯店享用中餐，口味不錯。

七時參觀蘆葦畫館，確實精美可觀，誠爲埃及一種特有藝術品。

十月廿二日，星期三，晴，二十八度

今日上午參觀法老王的陵寢，也是世界聞名的七大奇景之一的吉薩金字塔（PYRAMIDS OF GIZA），附近共有三座金字塔，遠看一字排開，一座比一座小。最大的一座每

試乘埃及的駱駝

邊二五〇公尺長，底座四邊等長，高一四六公尺，四邊面向東西南北，也代表一年四季春夏秋冬。整座由二三〇萬塊巨石疊積而成，每塊巨石重一至三噸。三座分別爲「胡父、哈夫拉、蒙古拉」，爲祖孫三代，我們先參觀最大的一座，不能進去，也不能爬得過高，有警衛看守，只在外面瞻仰，照相，附近有不少販賣金字塔模型、照片及其他紀念品的。然後經過第二座，到達第三座前，並購票排隊進入參觀，洞口很小僅可客人出入，坡道又窄又矮，深入塔底，無空調，很悶，通道末端爲一墓室，約六公尺長，四公尺寬，二公尺高，空無一物，大家望一眼趕快折返，出來已是滿身大汗。

十二時去看人面獅身（SPHNIX）雕像，體積高大，參觀遊客很多。上廁所回來

吉薩金字塔

三座金字塔

險些脫隊。然後去騎駱駝，走在水泥路上，一搖一晃，很不舒服。

一時半去用埃及式午餐，進入庭院前有一小型樂隊歡迎，露天式小圓桌，有埃及烤薄餅、烤肉串、配漿汁及小菜、飲料，吃不習慣。

三時至孟斐斯參觀由巨大花崗岩雕刻的拉姆西斯二世像，現雙腿膝下折斷，不見了，仰面躺臥在特建的一座陳列館裡，供人參觀。然後至莎卡拉欣賞呈階梯狀的第一座金字塔—左塞金字塔及地下古蹟。

晚上七時半至尼羅河畔，搭乘遊輪夜遊尼羅河並享用一頓豐盛美味的晚餐，同時欣賞中東聞名的肚皮舞及迴旋舞，肚皮舞者較肥，舞技並不出色，但迴旋舞者，男性，舞技精湛，出神入化，令人嘖嘖稱奇，讚嘆不已。

十月廿三日，星期四，晴，三十八度

今日要飛往埃及中部，昔日中王國及帝國時代的首都，以前稱爲底比斯（THEBES）的路克索（LUXOR），清早三時起床，預定四時半出發，但因遊覽車故障，臨時調動小車急忙趕往機場。六時起飛，六時四十五分降落路克索機場，距開羅六五〇公里，當在機場領取托運行李時，發現少了一件，據說其中有貴重物品，不禁讓人議論紛紛，致耽誤了一些時間，不過兩天以後，行李還是找到了，失主喜出望外。

八時登上尼羅河五星級豪華油輪，進入房間發現設備的確不錯，兩張單人床、衣廚、茶几、沙發、衛浴設備一應具全，電視、電話應有儘有。

十時後展開西河谷之旅，乘小船至尼羅河對面鄉村騎小毛驢，在公路上走一段然後進入鄉間小道，一顛一跛，並不好受。不過能深入民間，瞭解當地人民生活實況，也很值得。

中午回遊輪午餐—自助式。與一般飯店沒有多大差別。下午二時半下船，乘車去參觀埃及最大的太陽神殿，有雕像及巨大圓形花崗石柱，有一三三隻之多，縱橫排列，十分壯觀，嘆為觀止。以後又看太陽神后之神殿，也有石柱排列及雕像，但規模較小。

五時半參觀結束，回油輪上休息，部份團員自費去太陽神殿欣賞聲光秀。

哈姬蘇神殿

晚餐後，上油輪頂層與同伴坐談，欣賞尼羅河畔夜景，也有人在喝咖啡，或游泳。

十月廿四日，星期五，晴，三十五度。

今日船仍停在路克索，七時下船乘專車前往帝王谷（THE VALLEY OF KING），那兒是一群沙石山，不生草木，只見山頂有警衛守護，在山谷內有六十三座歷代帝王陵墓，故有「帝王谷」之稱，抵達後改乘遊覽小火車，進入參觀，同時有很多團隊前往，我們購票參觀其中三座，即拉姆西斯六世陵寢，拉姆西斯九世陵寢及塞提一世陵寢，大同小

尼羅河上看朝陽

異，均有寬約三米，高四米墓道，斜入地下數百公尺，墓道兩邊及頂部均有壁畫或文字，彩色鮮艷，雖經歷數千年有些仍然不變。霎時間，恍若穿過時光邃道。參觀前由導遊解說，可使遊客了解古埃及統治者的歷史背景。

十時又去參觀哈姬蘇女王神殿（MORTUARY TEMPLE OF HATSHEPSUT）爲三層建築，中有斜坡大道直通頂層，獨特建築風格，氣宇非凡，且後有靠山，位置良好。回程途中，順便看路邊兩尊曼儂巨像（COLOSSI OF MEMNON），據說遇風便會發出聲響，更增加衪的神祕感，居民把衪視爲守護神。

中午回到船上，午餐時，遊輪開航，駛往尼羅河上游，五時在甲板上舉行茶會，茶點免費供應。七時半在咖啡廳舉行舞會，大家聯歡。

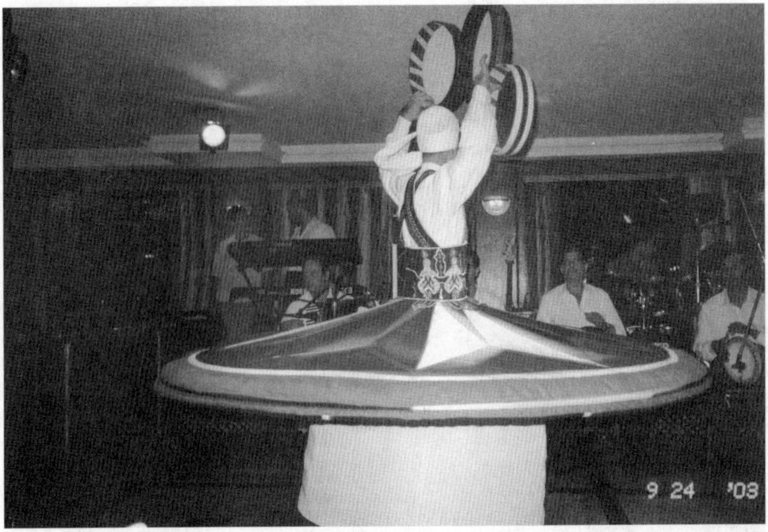

迴旋舞者連續旋轉 40 分鐘，頭不暈，眼不花，令人佩服
其腰間花裙忽上忽下，忽分爲上下兩層，神乎其技，令人讚賞

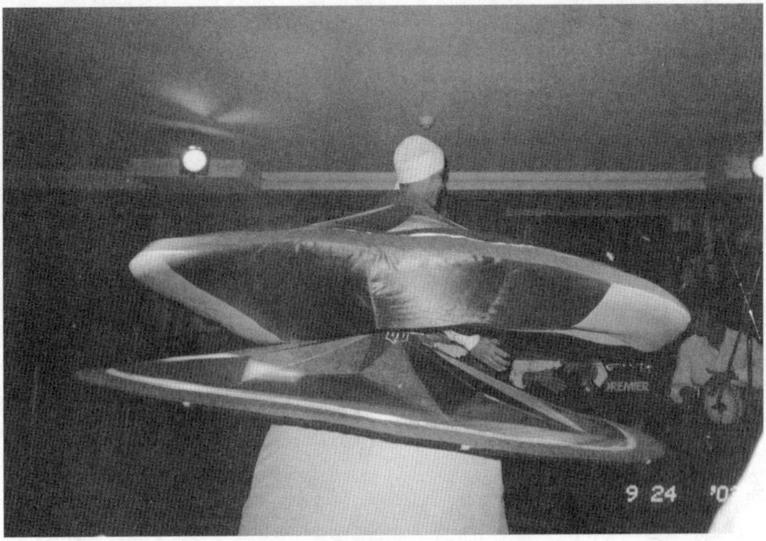

神乎其技的迴旋舞

十月廿五日，星期六，晴，三十四度

清早六時起床，臨窗看尼羅河上日出，一輪火球慢慢升起，輪廓十分明顯，船仍在慢慢移動中。八時靠岸，各自上岸觀光，淑玉同我雇一輛馬車，遊岸邊小鎮埃斯拉（ESNA），一條小街，有市集、攤販蝟集，多爲糧食、蔬菜、衣服等民生用品，同時看到埃及鄉鎮貧窮落後景像。

九時半上船，隨即開航，繼續南行。二時抵達艾得夫（EDFU），下船，乘馬車（四人一輛）前往市區參觀艾得夫的霍魯斯神殿，是目前全埃及保存最完整的神殿建築，至今幾乎還維持當年原貌，其內牆上刻有老鷹神霍魯斯與邪惡河馬神賽特戰鬥的過程，外牆亦有大形人像雕刻，實在是埃及文化瑰寶，珍貴古蹟。

四時上船，繼續南行，開往康孟波。五時甲板上飲用下午茶，有牛奶、咖啡及小點心。八時晚餐，九時於大廳舉行阿拉伯之夜，每人均需著阿拉伯長袍，在阿拉伯鼓聲中唱歌跳舞。

十月廿六日，晴，三十四度

昨夜船抵康孟波（KOMOMBO），清晨七時下船，步行至岸邊參觀雙神殿，此兩間規格相同之神殿，北邊祭祀鷹神霍魯斯，南邊則祭祀鱷魚神索貝克，細密的浮雕，充滿著原始藝術之美與古人智慧之結晶，旁邊一間並停放著一付鱷魚木乃尹，供人參觀。

八時上船，繼續南行，下午一時抵達埃及南部大城阿斯旺（ASWAN）而止。

下午參觀具有調節尼羅河水位，防洪、發電、灌溉、養殖多功能的阿斯旺大水壩、壩長三九八八公尺，高一一〇公尺，寬四〇公尺，水壩聚成六千平方公尺的納賽湖（LAKE NASSER），向南延伸至蘇丹（SUDAN）境內，建於一九六〇至一九七〇完成，該壩係由英國人興建。尼羅河畔農作物往年年收一次，壩成後一年可收三次。魚業養殖亦因之興盛。壩雖具大閘口但不能通航。湖光山色亦帶動觀光起飛。

下午二時乘坐渡船至尼羅河中的費拉島參觀島上帶有古希風格與陰柔之美的伊希斯（ISIS）愛神殿，此神殿由原淹水處遷至此島上。

四時去參觀未完成的巨形方尖碑，橫臥在花崗石山間，心想古埃及人是如何藉大自然力切割石頭，如何搬運如此巨大的方尖碑。

六時半乘馬車逛阿斯旺夜市，只有一條街，我買了一瓶沙畫，三〇埃及磅。

十月廿七日，星期一，晴，三十四度

今日要去埃及南部距阿斯旺二七〇公里處的阿布辛貝（ABUSIMBEL）參觀，清早三時起身，四時出發，早餐由遊輪提供餐盒，許多團隊同時出發，車隊由警察前導護衛，駛往目的地，經過大沙哈剌沙漠，車行數小時不見人煙，道路平直，偶有對方來車錯過，沙漠奇景海市蜃樓就在眼前。

七時廿分抵達阿布辛貝，該處被納琴湖水圍繞，故有花草樹木，我們來的目的是參觀被聯合國教科文組織明定爲世界級古蹟及埃及著名的阿布辛大神殿。以前爲了避免遭到築壩被湖水淹沒，世界各國提供技術及經濟援助將大神殿鋸成大石塊，搬運至此安全地方，重新組合，幾乎是個傳奇，自從一八一三年瑞士人路得偉發現以來，舉世公認爲埃及獨一無二的建築。神殿門外有四座巨形彫像，其中之一上身崩落地面，其餘三尊完好無缺，旁邊並列爲王后廟，規模稍小些，其中皆有壁畫，完整、明顯，彩色鮮艷。

九點半回程車隊又穿越沙漠三小時。下午重返阿斯旺在一家老舊旅社裡午餐，因晚上要乘夜臥火車北上，所以男女分別各開兩間房間，以供休息、洗澡。

下午一時半乘坐阿拉伯式風帆船，悠閒輕鬆的暢遊尼羅河灣港區，欣賞河畔綠洲景觀，有當地孩童駕獨木舟圍繞舷邊唱歌、討錢。

六時天色已暗，於阿斯旺火車站，搭乘夜車，臥舖二人一室，北上開往開羅。當時淑玉感冒、發燒，經同隊醫師診察，隊友提供特效藥，服後發汗，退燒便好了。唯隊友送來烤雞，她卻無心享用，幸好夜晚睡得尚稱安穩。

十月廿八日，雨，三十四度

六時天亮、起床，收拾行李，然後在火車上依窗看日出。七時十分火車駛入開羅南站，下車後又上專車駛往旅社早餐，又是一間老舊旅社，仍然男女分別開兩間房間供大家盥洗。

十時乘專車前往參觀由打敗十字軍的英雄薩拉丁於一一六五年所構築的城堡，其中的穆罕默德阿里清眞寺以雪花石爲建材，以伊斯坦堡的藍色清眞寺爲藍圖，富麗莊嚴，値得一看。

十一時去開羅一大傳統市場參觀，結果買了幾隻人造駱駝，準備拿回去取悅小孫孫。因我們回羅馬的班機時間早，所以十二時旅行社工作人員便以小汽車送我們去開羅機場。並有人員幫我們辦理通關手續，一時半完成通關手續，進入候機室，將所餘埃鎊購買糖果，以便回去餽贈親友。

三時一刻登機，廿分鐘後起飛，四時三十分機上供餐，七時降落羅馬達文西國際機場，當時下雨，氣溫驟降，換著冬裝，等拿托運行李因看錯轉盤，耽誤一些時間，回到住處已晚上十點了，順利完成八日尼羅河遊輪之旅，回顧起來是愉快而值得的。